하루 한 쪽
한자 365

2권
가을·겨울
2학기편

copyright ⓒ 2023, 송재환
이 책은 한국경제신문 한경BP가 발행한 것으로
본사의 허락 없이 이 책의 일부 또는 전체를 복사하거나
전재하는 행위를 금합니다.

고전에서 배우는
**초등 국어
필수 한자**

송재환 지음

하루 한쪽 한자 365

2권

가을·겨울
2학기편

한국경제신문

이 책은 이렇게 활용하세요!

- 모든 공부는 하루도 빼먹지 않고 매일매일 꾸준히 하는 게 제일 중요해요. 하루 분량이 적고 시시해 보이더라도, 또는 너무 많고 버겁더라도 절대 거르지 말고 하루에 딱 한 쪽씩 매일매일 하는 습관을 들여 보세요.
- 공부를 잘하려면 예습보다 복습이 중요하다는 걸 알고 있나요? 한 번 외운 한자는 복습을 통해 완전히 내 것으로 만들어야 해요. 한자를 외운 뒤 며칠 지나서 다시 써 보세요.
- 모든 언어는 소리 내서 따라 읽어야 오래 기억에 남아요. 한 구절 전체를 크게 따라 읽은 뒤 한 자 한 자 크게 읽으면서 쓰면 더 빨리, 오래 기억할 수 있어요.

이 책은 이렇게 구성되어 있어요!

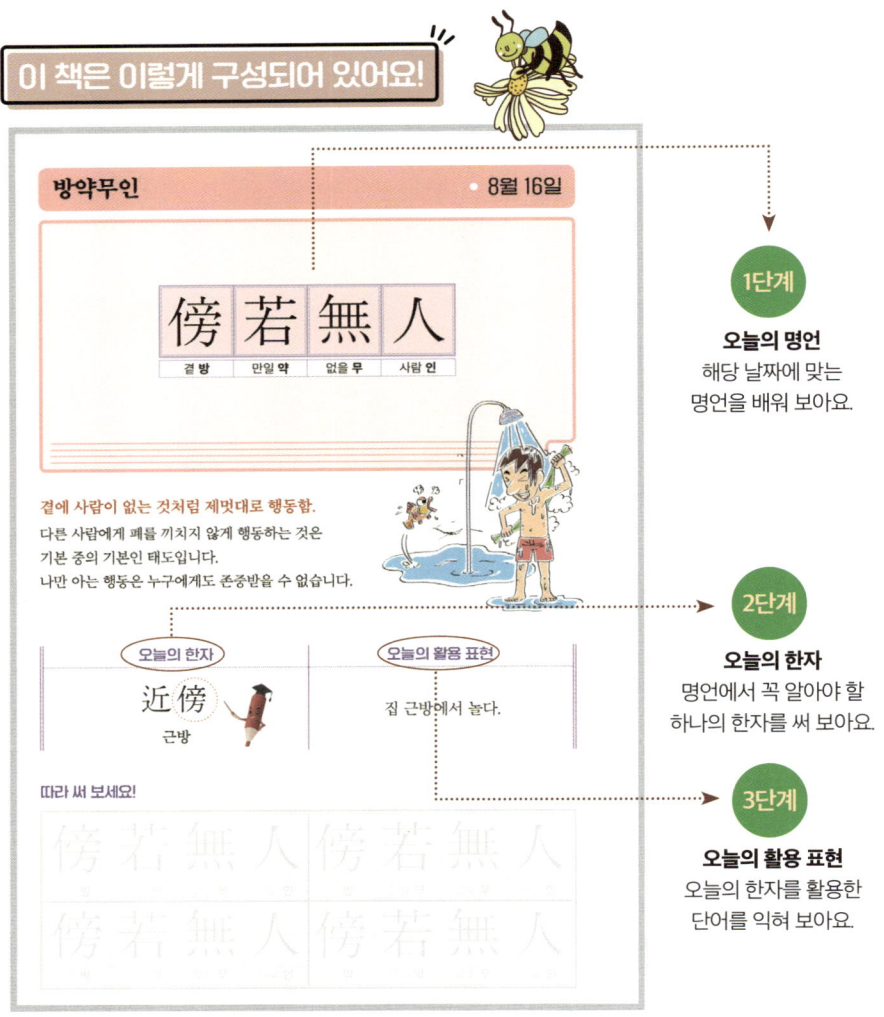

한자를 익히며 어휘력도 쑥쑥

어휘력은 공부뿐만 아니라 인생의 넓이와 깊이도 좌우합니다. 우리말의 어휘를 늘릴 수 있는 가장 좋은 방법은 바로 한자를 아는 것입니다. 하루 10분, 한 쪽씩 한자를 읽고 쓰면서 부담 없이 한자를 배워 보세요!

24절기에 대한 이해

24절기는 우리 생활과 밀접한 관련이 있습니다. 매년 찾아오는 절기를 이해하면 시간의 흐름과 계절을 이해하고, 자연에 다한 좀 더 깊은 관심과 통찰력을 기를 수 있습니다.

표현력과 이해력이 자라는 사자성어

사자성어는 일상생활에서 정말 많이 쓰이지만 학습 격차가 가장 많이 나는 영역이기도 합니다. 사자성어를 알면 말이나 글에 대한 이해력이 크게 좋아지고 글쓰기나 말하기를 할 때 표현력이 풍부해집니다. 일상생활에서 가장 많이 쓰이는 사자성어를 150개 이상 엄선했습니다.

《사자소학》과 《명심보감》을 통한 '좋은 사람' 되기

《사자소학》과 《명심보감》 같은 인문철학고전을 접하면 한자 실력도 좋아지지만 무엇보다 '좋은 사람'이 됩니다. 고전 속 구절들은 끊임없이 자신을 되돌아보게 만들고 좋은 사람이 되기 위해서 어떻게 행동해야 하는지를 가르쳐 줍니다.

《논어》《맹자》 등을 통한 인생의 진리 찾기

《논어》《맹자》와 같은 경전의 구절들은 뻔한 말 같지만 인생의 진리를 품고 있습니다. 읽다 보면 나도 그렇게 살아야겠다는 생각이 듭니다. 이것이 '경전의 힘'이고 '진리의 힘'입니다. 이런 경전의 구절을 마음속에 아로새겨 봅시다.

· 머리말 ·

己所不欲 勿施於人(기소불욕 물시어인)

혹시 이 구절의 뜻을 알고 있나요? '자기가 하기 싫은 일은 남에게도 하게 해서는 안 된다'는 뜻입니다. 7월 8일에 나오는 구절이기도 합니다.

이 구절을 보면 한 친구가 생각납니다. 3학년을 가르칠 때 한 친구가 이 구절을 적어서 책상에 붙여 놓았습니다. 너무 신기해서 왜 이 구절을 책상에 붙여 놓았느냐고 물었더니 그 친구가 이렇게 대답했습니다.

"제가 2학년 때 《사자소학》을 배웠는데 이 구절이 마음에 들었어요. 까먹지 않으려고 붙여 놓았어요. 그리고 이 구절이 정말 맞는 말 같아요."

이 친구에게는 이 구절이 자신의 마음에 깊이 새겨진 인생의 구절이었던 것입니다. 혹시 여러분도 이 친구처럼 인생의 구절을 만나고 싶지 않나요? 이 책에서 만날 수 있습니다. 눈을 크게 뜨고 찾아보세요. 보석처럼 빛나는 구절이 여러분을 기다리고 있을 것입니다.

《하루 한 쪽 한자 365》는 매일 한 낱말 또는 한 문장을 써 보면서 한자와 친해지고 한자를 익히도록 구성되어 있습니다. 일상생활에서 많이 쓰이는 사자성어, 절기 등을 한자로 써 보면서 그 뜻을 알아갈 수 있어 교양을 쌓는데도 많은 도움이 될 것입니다.

무엇보다 이 책의 장점은 《사자소학(四字小學)》, 《명심보감(明心寶鑑)》, 《논어(論語)》, 《맹자(孟子)》와 같은 고전에서 초등생들이 익히면 좋을 명문장들을 소개한다는 점입니다. 이 과정을 통해 어렵고 낯설게만 느껴지던 고전이 친숙해지고, 그 고전에서 강조하는 인생의 가치와 인간의 도리를 생각하면서 자신의 성품을 돌아보게 될 것입니다. 때로는 인생의 명문장을 만나는 기회가 될 수도 있을 테고요.

"선생님, 이 책 정말 유익하고 제게 많은 도움이 되었어요."

어린이 독자들에게 가장 듣고 싶은 말입니다. 이 책이 여러분 인생에 유익하고 많은 도움이 되는 책이 되었으면 좋겠습니다. 이 책을 읽고 쓰는 동안 여러분의 지혜가 좀 더 깊어지고 넓어질 것이라 확신합니다. 지혜로운 사람이 인생을 행복하게 살아갈 수 있습니다. 여러분을 응원합니다.

초등교사 작가 **송재환**

7월 1일 — 새옹지마

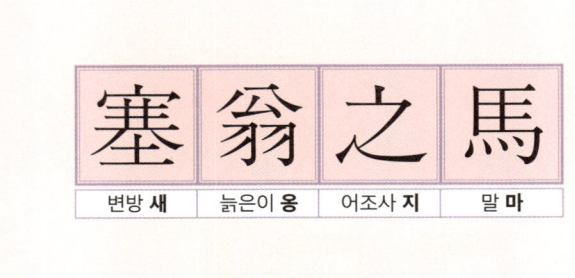

塞 翁 之 馬
변방 새 / 늙은이 옹 / 어조사 지 / 말 마

무슨 일이든 복이 화가 되기도 하고, 화가 복이 될 수도 있음.

사람의 앞일은 아무도 모릅니다.
지금 좋아 보이는 일이 나중에는 화가 될 수도 있고,
지금 안 좋아 보이는 일이 나중에는 복이 될 수도 있습니다.
올해도 이제 후반전입니다. 모든 일은 끝날 때까지 끝난 게 아닙니다.

오늘의 한자	오늘의 활용 표현
禍福 화복	인생의 화복은 아무도 모른다.

따라 써 보세요!

塞	翁	之	馬	塞	翁	之	馬
변방 새	늙은이 옹	어조사 지	말 마	변방 새	늙은이 옹	어조사 지	말 마
塞	翁	之	馬	塞	翁	之	馬
변방 새	늙은이 옹	어조사 지	말 마	변방 새	늙은이 옹	어조사 지	말 마

불경일사면 불장일지니라 • 7월 2일

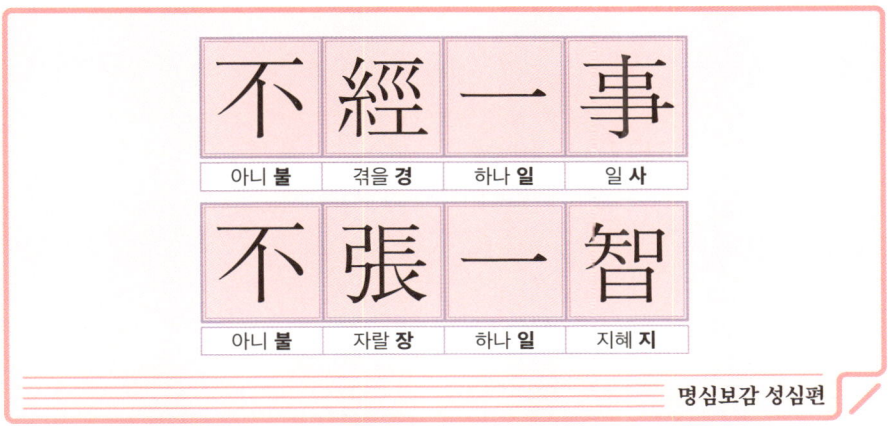

명심보감 성심편

한 가지 일을 경험하지 않으면, 한 가지 지혜가 자라지 않는다.

무엇인가를 배우고 경험하면 지혜가 생기고 자랍니다.
가능하다면 다양한 경험을 많이 해 보는 것이 좋습니다.
두려워하지 말고 적극적으로 도전하면서 살아가길 응원합니다.

오늘의 한자	오늘의 활용 표현
經驗 경험	다양한 경험

따라 써 보세요!

7월 3일

교언영색

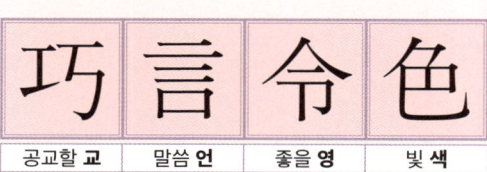

말을 교묘하게 하고 얼굴빛을 꾸민다.

다른 사람의 눈에 들기 위해 말을 번지르르하게 하고, 그럴싸한 표정을 지어 알랑거리는 모습을 이르는 말입니다. 사람은 누구나 진실된 사람을 좋아합니다.

오늘의 한자	오늘의 활용 표현
 巧妙 교묘	교묘하게 말하는 사람

따라 써 보세요!

巧	言	令	色	巧	言	令	色
공교할 교	말씀 언	좋을 영	빛 색	공교할 교	말씀 언	좋을 영	빛 색
巧	言	令	色	巧	言	令	色
공교할 교	말씀 언	좋을 영	빛 색	공교할 교	말씀 언	좋을 영	빛 색

학여불급이요 유공실지니라 • 7월 4일

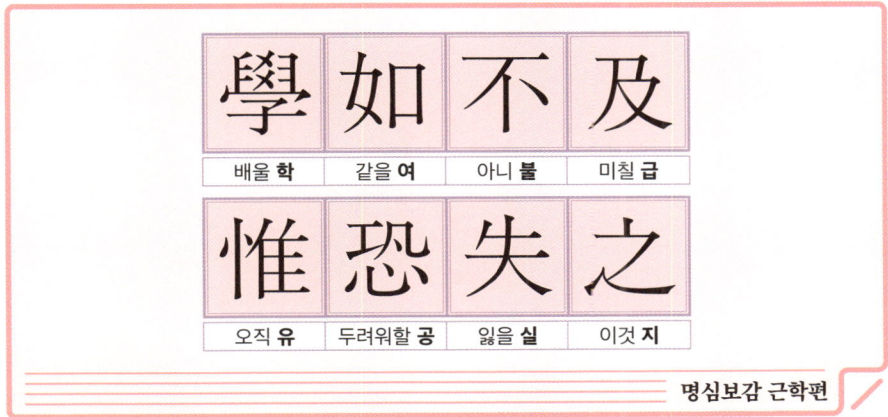

명심보감 근학편

배우기를 늘 다하지 못한 듯이 하고, 오직 배운 것을 잃을까 염려하라.

조금 배우고는 다 아는 것처럼 더 배우기를 싫어하는 친구들이 있습니다.
또한 배운 것 따로 행동 따로 하는 친구들도 있지요.
이런 태도는 제대로 된 배움의 태도가 아닙니다. 늘 부족한 것처럼 배우세요.

오늘의 한자	오늘의 활용 표현
失策 실책	실책을 범하다.

따라 써 보세요!

學 如 不 及 惟 恐 失 之
배울 학 / 같을 여 / 아니 불 / 미칠 급 / 오직 유 / 두려워할 공 / 잃을 실 / 이것 지

學 如 不 及 惟 恐 失 之
배울 학 / 같을 여 / 아니 불 / 미칠 급 / 오직 유 / 두려워할 공 / 잃을 실 / 이것 지

7월 5일 •   **소서**

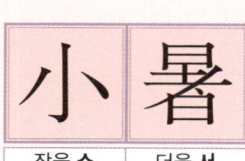

小 暑
작을 소   더울 서

24절기 중 열한 번째 절기.
'작은 더위'라는 뜻으로 본격적인 더위가 시작되는 절기입니다.
이제부터 두 달 정도는 더위에 몸과 마음이 지칠 수 있습니다.
건강한 여름 보내기 바랍니다.

오늘의 한자	오늘의 활용 표현
暴炎 폭염	소서 즈음에 찾아온 폭염

따라 써 보세요!

小	暑	小	暑	小	暑	小	暑
작을 소	더울 서	작을 소	더울 서	작을 소	더울 서	작을 소	더울 서
小	暑	小	暑	小	暑	小	暑
작을 소	더울 서	작을 소	더울 서	작을 소	더울 서	작을 소	더울 서

진인사대천명

• 7월 6일

盡	人	事	待	天	命
다할 진	사람 인	일 사	기다릴 대	하늘 천	명할 명

인간으로서 해야 할 일을 다하고 하늘의 명을 기다린다.

최선을 다했는데도 실패로 끝날 수 있습니다. 어쩔 수 없습니다.
최선을 다했다면 할 일을 다한 것입니다. 결과는 하늘의 뜻에 달렸습니다.

오늘의 한자	오늘의 활용 표현
盡力 진력	진력을 다하다.

따라 써 보세요!

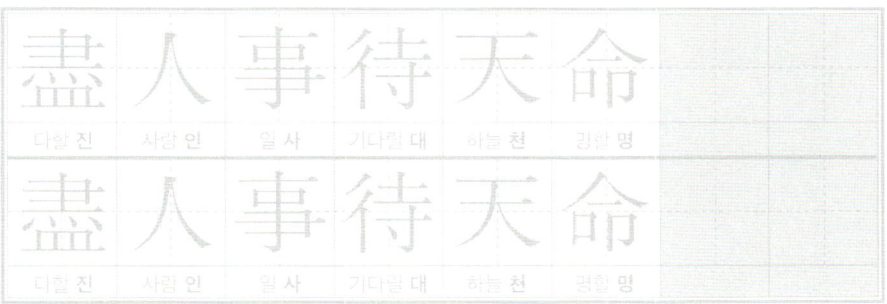

7월 7일 · 난형난제

難 兄 難 弟
어려울 난 / 형 형 / 어려울 난 / 아우 제

누구를 형이라 아우라 하기 어렵다.

누가 더 낫다고 말할 수 없이 비슷할 때 쓰는 말입니다.
나의 실력과 엇비슷한 친구와 선의의 경쟁을 한다면 서로의 발전에 큰 도움이 될 것입니다.

오늘의 한자	오늘의 활용 표현
難題 난제	난제에 부딪혔다.

따라 써 보세요!

難 兄 難 弟 難 兄 難 弟
어려울 난 / 형 형 / 어려울 난 / 아우 제 / 어려울 난 / 형 형 / 어려울 난 / 아우 제

難 兄 難 弟 難 兄 難 弟
어려울 난 / 형 형 / 어려울 난 / 아우 제 / 어려울 난 / 형 형 / 어려울 난 / 아우 제

기소불욕 물시어인

• 7월 8일

己 所 不 欲
자기 기 · 바 소 · 아니 불 · 하고자할 욕

勿 施 於 人
말 물 · 베풀 시 · 어조사 어 · 사람 인

사자소학

자기가 하고 싶지 않은 것을 남에게 베풀지 말라.

내가 싫고 귀찮은 일은 다른 사람에게도 그렇습니다.
자신이 대접 받고 싶은 대로 다른 사람을 대한다면 누구에게나 환영받는 사람이 됩니다.

오늘의 한자	오늘의 활용 표현
欲求 욕구	먹고 싶은 욕구를 참다.

따라 써 보세요!

己 所 不 欲 勿 施 於 人
자기 기 · 바 소 · 아니 불 · 하고자할 욕 · 말 물 · 베풀 시 · 어조사 어 · 사람 인

己 所 不 欲 勿 施 於 人
자기 기 · 바 소 · 아니 불 · 하고자할 욕 · 말 물 · 베풀 시 · 어조사 어 · 사람 인

7월 9일 — 사수소나 부작불성이라

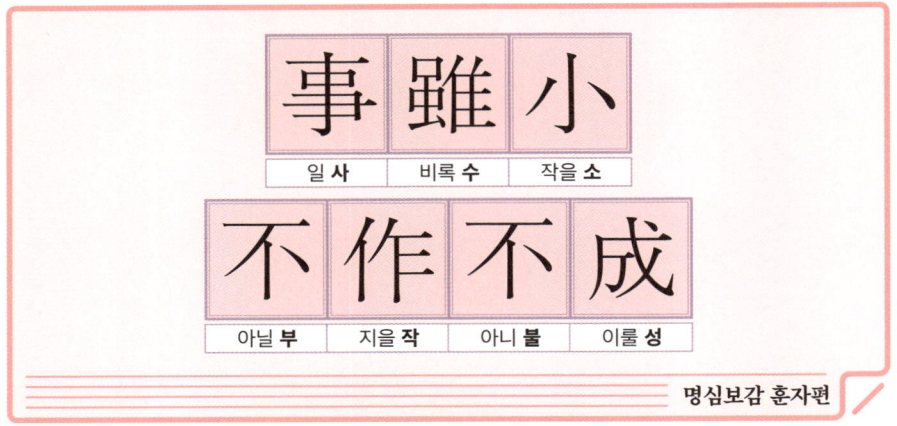

명심보감 훈자편

아무리 작은 일이라도 하지 않으면 이루지 못한다.

아무리 사소한 일도 미루지 말고 꼭 해야 합니다.
사소한 일이라서 미뤄 놓고 있는 일이 있는지 살펴보고 마무리를 지어 보세요.
인생이 달라집니다.

오늘의 한자	오늘의 활용 표현
成就 성취	소원을 성취하다.

따라 써 보세요!

자수현이나 불교불명이니라　　7월 10일

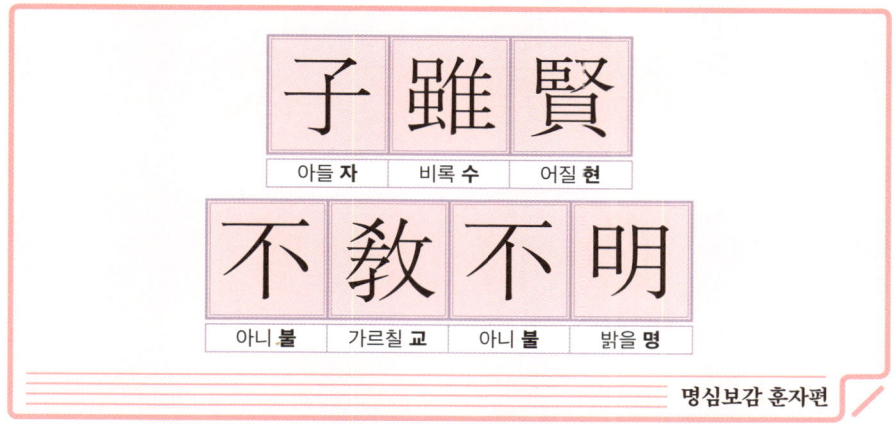

명심보감 훈자편

아무리 자식이 똑똑해도 가르치지 않으면 현명해지지 못한다.
부모님이 나를 그렇게도 열심히 가르치려는 이유는
이 가르침을 실천하기 위해서일지도 모릅니다.
아무리 똑똑한 사람이라도 배우지 않으면 보통 사람도 되지 못합니다.
배움은 나를 밝히는 등불입니다.

오늘의 한자	오늘의 활용 표현
賢明 현명	매우 현명한 사람

따라 써 보세요!

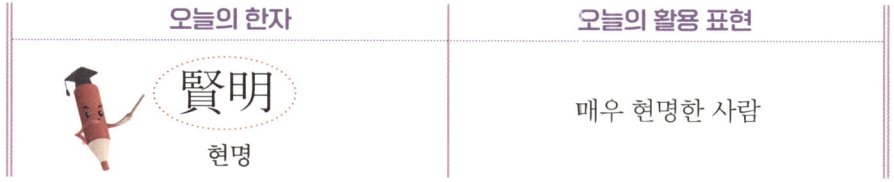

7월 11일 · 적선지가 필유여경

사자소학

선행을 쌓은 집에는 반드시 넘치는 경사가 있다.
주변에 좋은 일이 자꾸 생기는 사람이나 집안을 잘 살펴보세요.
아마 그 부모님이나 조부모님들이 착한 일을 많이 하셨을 겁니다.
착한 행동은 반드시 보답을 받습니다.

오늘의 한자	오늘의 활용 표현
慶事 경사	우리 집에 경사가 났다.

따라 써 보세요!

積善之家必有餘慶
쌓을 적 / 착할 선 / 어조사 지 / 집 가 / 반드시 필 / 있을 유 / 남을 여 / 경사 경

積善之家必有餘慶
쌓을 적 / 착할 선 / 어조사 지 / 집 가 / 반드시 필 / 있을 유 / 남을 여 / 경사 경

내유외강

• 7월 12일

內 柔 外 剛
안 내 | 부드러울 유 | 바깥 외 | 굳셀 강

겉으로는 강해 보이지만 속은 부드럽다.

강하고 투박한 줄 알았는데 알고 보니 부드러움을 지닌 사람을 일컫는 말입니다.
부드러움과 굳건함을 겸비한 사람을 가리키죠.
나는 어떤 사람으로 비춰지고 있을까요?

오늘의 한자	오늘의 활용 표현
內外 내외	내 신발은 다섯 켤레 내외다.

따라 써 보세요!

7월 13일 · 인자는 선난이후획이라

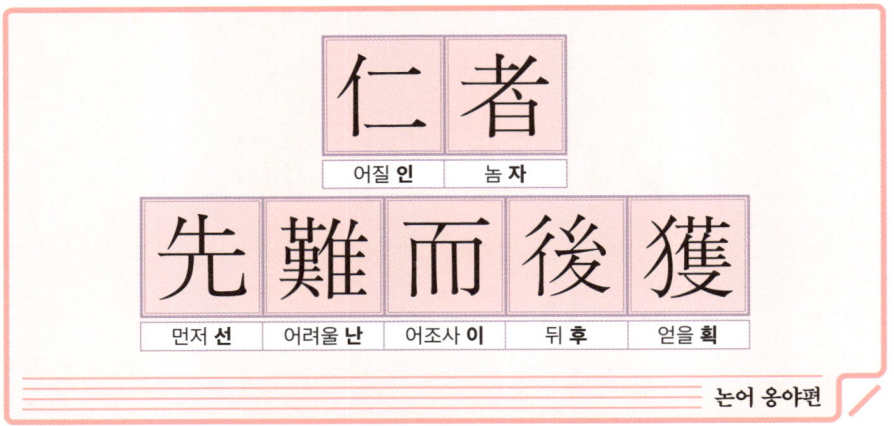

논어 옹야편

인자는 어려운 일에는 먼저 나서서 하고, 이익을 챙기는 것은 나중에 한다.
어진 사람들은 어려운 일에 먼저 나서고, 자신의 이익은 나중에 돌아봅니다.
보통 사람들은 자기의 이익이 되는 일을 우선하죠.
나에게도 인자다운 모습이 있나요?

오늘의 한자	오늘의 활용 표현
先後 선후	일의 선후가 뒤바뀌었다.

따라 써 보세요!

仁	者	先	難	而	後	獲
어질 인	놈 자	먼저 선	어려울 난	어조사 이	뒤 후	얻을 획
仁	者	先	難	而	後	獲
어질 인	놈 자	먼저 선	어려울 난	어조사 이	뒤 후	얻을 획

손인리기 종시자해　• 7월 14일

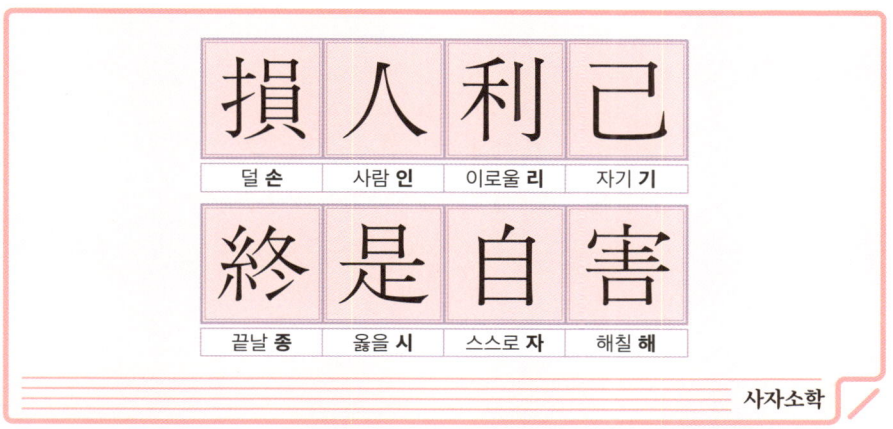

사자소학

남을 손해 보게 하고 자신을 이롭게 하면, 마침내 자신을 해롭게 하는 것이다.
자신의 이익만 생각하고 남에게는 손해를 끼치면 결국 자신에게도 손해가 됩니다.
그런 일은 가급적 삼가세요. 남을 이롭게 하는 것이 결국 나를 이롭게 하는 것입니다.

오늘의 한자	오늘의 활용 표현
損害 손해	남에게 손해를 끼치는 행동

따라 써 보세요!

7월 15일 · 누란지위

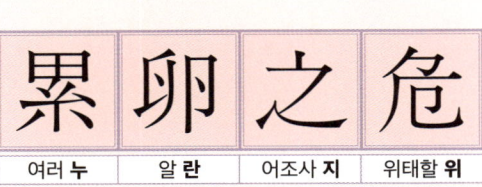

累 卵 之 危
여러 누 / 알 란 / 어조사 지 / 위태할 위

여러 개의 계란을 쌓아 놓은 것 같은 위태로움.

깨지기 쉬운 계란을 한 개도 아니고 여러 개를 쌓아 놓았다고 상상해 보세요. 아주 아슬아슬한 상황입니다. '累卵之勢(누란지세)'도 같은 말입니다.

오늘의 한자	오늘의 활용 표현
鷄卵 계란	내가 좋아하는 계란프라이

따라 써 보세요!

累	卵	之	危	累	卵	之	危
여러 누	알 란	어조사 지	위태할 위	여러 누	알 란	어조사 지	위태할 위
累	卵	之	危	累	卵	之	危
여러 누	알 란	어조사 지	위태할 위	여러 누	알 란	어조사 지	위태할 위

이열치열

• 7월 16일

써 이 / 더울 열 / 다스릴 치 / 더울 열

열은 열로써 다스린다.

본격적인 무더위가 시작되는 초복입니다.
무덥다고 차가운 음식만 먹으면 건강에 좋지 않습니다.
뜨거운 삼계탕 한 그릇으로 더위를 쫓아 보세요.

오늘의 한자	오늘의 활용 표현
熱帶夜 열대야	지난밤 열대야 때문에 잠을 설쳤다.

따라 써 보세요!

以 熱 治 熱　以 熱 治 熱
써 이　더울 열　다스릴 치　더울 열　써 이　더울 열　다스릴 치　더울 열

以 熱 治 熱　以 熱 治 熱
써 이　더울 열　다스릴 치　더울 열　써 이　더울 열　다스릴 치　더울 열

7월 17일 · 제헌절

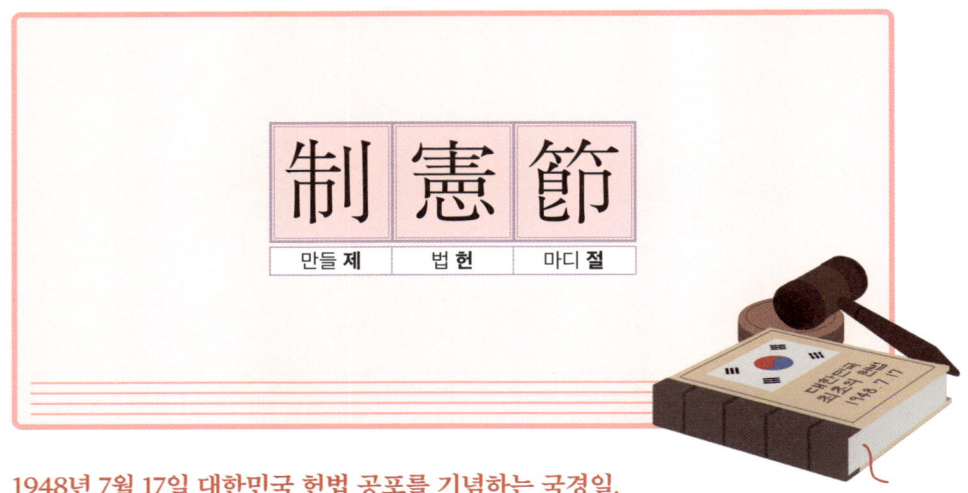

制 憲 節
만들 제 · 법 헌 · 마디 절

1948년 7월 17일 대한민국 헌법 공포를 기념하는 국경일.

법 중에서 최고의 법이고 가장 기본이 되는 법이 '헌법'입니다.
우리나라는 이 헌법을 1948년에 만들어 7월 17일에 공포했습니다.
제헌절은 바로 이날을 기념하는 날입니다.

오늘의 한자	오늘의 활용 표현
憲法 헌법	최고의 법인 헌법

따라 써 보세요!

制	憲	節	制	憲	節
만들 제	법 헌	마디 절	만들 제	법 헌	마디 절
制	憲	節	制	憲	節
만들 제	법 헌	마디 절	만들 제	법 헌	마디 절

독서근검 기가지본 　　 • 7월 18일

사자소학

책을 읽으며 부지런하고 검소함은 집안을 일으키는 근본이다.

여러분은 집안을 일으키는 사람이 되고 싶나요, 아니면 집안을 망하게 하는 사람이 되고 싶나요? 집안을 일으키는 사람이 되고 싶다면 책을 열심히 읽고 부지런하고 검소한 습관을 들이면 됩니다.

오늘의 한자	오늘의 활용 표현
勤儉 근검	근검절약하는 삶의 자세

따라 써 보세요!

7월 19일 •   동고동락

괴로움과 즐거움을 함께함.

괴롭고 슬픈 순간이나 기쁘고 행복한 순간도 같이하는 것을 이르는 말입니다.
우리는 가족과 동고동락을 하고 있죠.
괴로움과 즐거움을 같이했기에 가족은 너무나 소중한 존재입니다.

오늘의 한자	오늘의 활용 표현
苦樂 고락	고락을 같이한 내 가족

따라 써 보세요!

동병상련

• 7월 20일

한가지 **동** | 병 **병** | 서로 **상** | 불쌍히여길 **련**

같은 병을 앓고 있는 사람끼리 불쌍히 여긴다.

같은 처지에 놓인 사람끼리는 서로의 처지를 잘 알기에
서로 위로하고 가엾게 여겨 줍니다.
같은 상황에 처해 보지 않으면 쉽사리 위로하기 어렵습니다
나와 비슷한 처지에 있는 친구들을 위로하는 따뜻한 사람이 되어 보세요.

오늘의 한자	오늘의 활용 표현
病子 병자	병자들이 가득한 병원

따라 써 보세요!

同	病	相	憐	同	病	相	憐
한가지 동	병 병	서로 상	불쌍히여길 련	한가지 동	병 병	서로 상	불쌍히여길 련
同	病	相	憐	同	病	相	憐
한가지 동	병 병	서로 상	불쌍히여길 련	한가지 동	병 병	서로 상	불쌍히여길 련

7월 21일 — 등하불명

燈	下	不	明
등 등	아래 하	아니 불	밝을 명

등잔 밑이 어둡다.

"등잔 밑이 어둡다"라는 속담의 사자성어입니다.
가까이 있는 것이 오히려 더 알아내기 어렵다는 뜻입니다.
혹시 내가 고민하고 있는 문제의 해답도
아주 가까이에 있는데 잘 안 보일지도 모릅니다.

오늘의 한자

不明確
불명확

오늘의 활용 표현

불명확해서 알기 어려운 문제

따라 써 보세요!

燈	下	不	明	燈	下	不	明
등 등	아래 하	아니 불	밝을 명	등 등	아래 하	아니 불	밝을 명
燈	下	不	明	燈	下	不	明
등 등	아래 하	아니 불	밝을 명	등 등	아래 하	아니 불	밝을 명

만사가 분이정이라 • 7월 22일

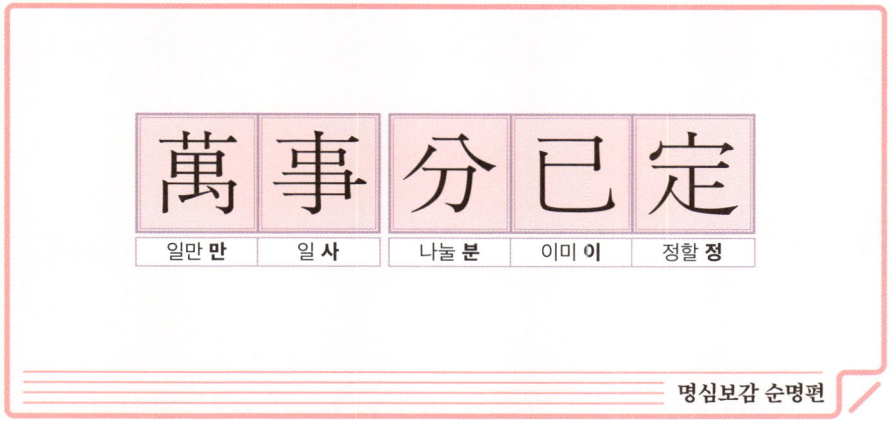

명심보감 순명편

모든 일은 이미 분수가 정해져 있다.

인생을 행복하게 살아가는 가장 확실한 방법 중 하나는 욕심을 부리지 않는 것입니다.
욕심 때문에 쓸데없이 바쁘게 살아가는 사람들이 많습니다.
욕심을 버리면 세상은 행복으로 가득 차 있습니다.

오늘의 한자	오늘의 활용 표현
萬事 만사	만사가 다 귀찮다.

따라 써 보세요!

7월 23일 대서

24절기 중 열두 번째 절기.

극심한 더위 때문에 "염소뿔도 녹는다"는 속담이 있을 정도의 절기입니다.
에어컨이 아니면 숨쉬기도 쉽지 않습니다.
하지만 곡식들은 이런 큰 더위가 있어야 열매가 단단해집니다.
고난이 필요한 이유입니다.

오늘의 한자	오늘의 활용 표현
酷 暑 혹서	7월과 8월은 혹서기다.

따라 써 보세요!

욕지미래인대 선찰이왕이니라   • 7월 24일

명심보감 성심편

미래를 알고 싶거든 먼저 지나간 날들을 살펴보라.

사람들은 자신의 미래가 궁금해서 토정비결이나 점을 봅니다.
하지만 미래가 궁금하거든 자신의 과거를 들여다보면 됩니다.
미래는 과거의 결과일 뿐입니다.
그러니 오늘 하루 최선을 다하면서 살아야 합니다.

오늘의 한자	오늘의 활용 표현
未來 미래	나의 미래는 어떤 모습일까?

따라 써 보세요!

7월 25일 · 명경지수

明	鏡	止	水
밝을 명	거울 경	그칠 지	물 수

맑은 거울과 고요한 물과 같은 깨끗한 마음.

맑은 거울과 고요한 물처럼 잡념이나 사욕이 없는 깨끗한 마음을 비유적으로 표현한 말입니다.
매일 아침 거울을 보면서 자신의 얼굴을 살피듯, 나의 마음도 항상 살피세요.
마음이 고요하고 평화로워야 모든 일이 잘됩니다.

오늘의 한자
眼鏡
안경

오늘의 활용 표현
안경을 쓰니 잘 보인다.

따라 써 보세요!

여불가구면 종오소호라 • 7월 26일

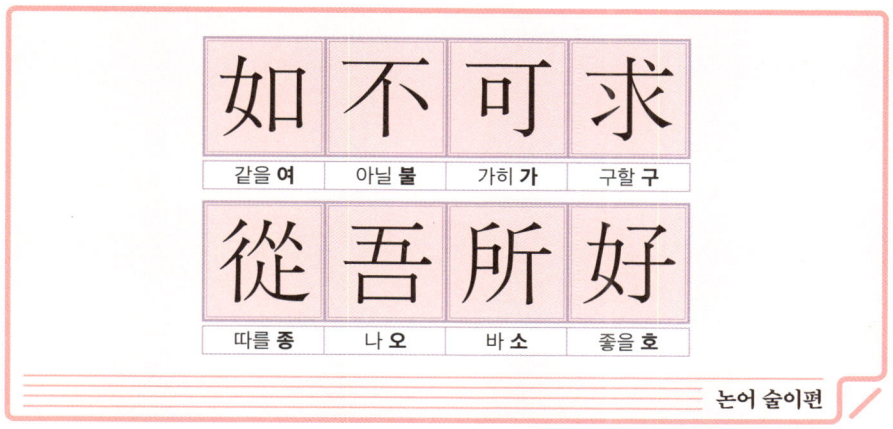

논어 술이편

추구할 만한 것이 아니라면 내가 좋아하는 바를 따르겠다.
추구할 만한 가치가 있는 것이라면 힘들고 어렵더라도 인내하며 노력해야 합니다.
하지만 그렇지 않다면 얻으려고 너무 애쓰지 마세요.
차라리 내가 좋아하는 것을 해야 합니다. 이것이 행복해지는 길입니다.

오늘의 한자	오늘의 활용 표현
追求 추구	내 꿈과 이상을 추구하다.

따라 써 보세요!

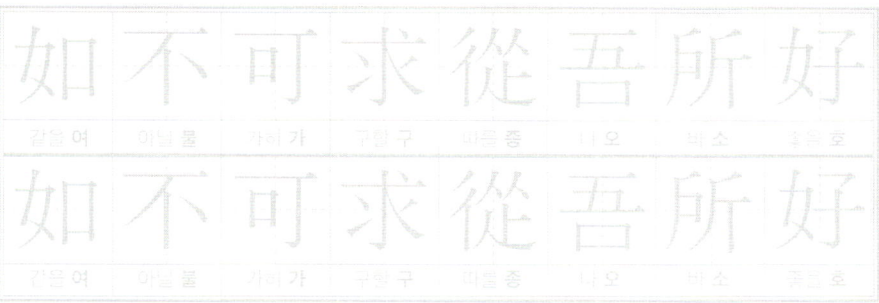

7월 27일 **수신제가 치국지본**

사자소학

자기 몸을 닦고 집안을 가지런히 하는 것은 나라를 다스리는 근본이다.

다른 사람을 다스리기 전에 자기 자신부터 다스릴 줄 알아야 합니다.
그런 사람이라야 나라도 충분히 다스릴 수 있습니다.
모든 것의 출발은 자기 자신임을 잊지 말았으면 합니다.

오늘의 한자	오늘의 활용 표현
根本 근본	이 일의 근본 원인

따라 써 보세요!

修	身	齊	家	治	國	之	本
닦을 수	몸 신	가지런할 제	집 가	다스릴 치	나라 국	어조사 지	근본 본
修	身	齊	家	治	國	之	本
닦을 수	몸 신	가지런할 제	집 가	다스릴 치	나라 국	어조사 지	근본 본

수신제가하고 치국평천하라 ● 7월 28일

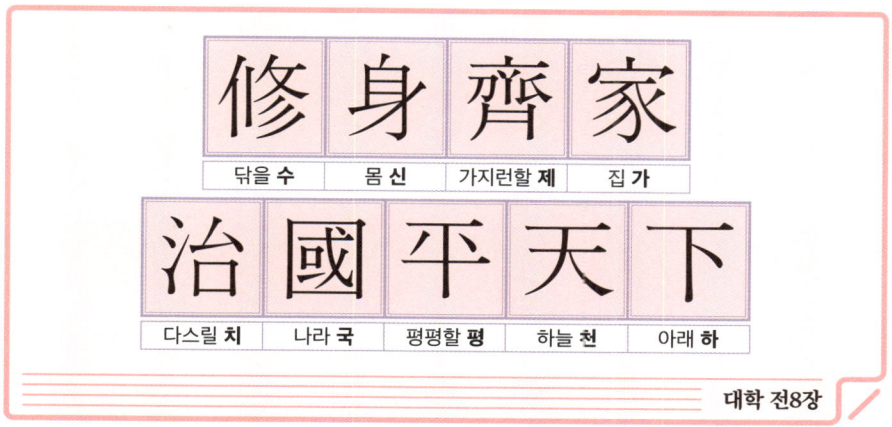

대학 전8장

몸과 마음을 닦아 집안을 가지런히 하고, 나라를 다스리고 천하를 평정한다.
자신도 잘 다스리지 못하면서 세상을 다스리려고 하는 사람들이 많습니다.
자신부터 돌아보아야 합니다.
나를 잘 다스리면 세상도 얼마든지 다스릴 수 있습니다.

오늘의 한자	오늘의 활용 표현
天下 천하	나를 다스리는 자, 천하를 얻으리라.

따라 써 보세요!

7월 29일 — 황금만영이 불여교자일경이라

> 황금이 아무리 광주리에 가득하여도 자식에게 경서 한 권 가르치는 것만 못하다.

《경서》는 옛 성현들의 가르침을 적어 놓은 아주 훌륭한 책입니다.
좋은 책을 읽으면 깊은 지혜와 통찰력이 생기고 인생의 방향을 알게 됩니다.
나는 지금 어떤 책을 읽고 있나요?

오늘의 한자	오늘의 활용 표현
黃金 (황금)	황금 같은 기회를 놓쳤다.

따라 써 보세요!

박학다식

• 7월 30일

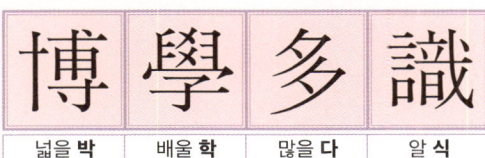

博	學	多	識
넓을 박	배울 학	많을 다	알 식

학문이 넓고 아는 것이 많음.

공부한 것이 많고 아는 것이 많은 것을 이르는 말입니다. '박학다식'하다는 말을 듣고 싶다면 책을 많이 읽으세요. 여름 방학이 시작되었으니 정말 좋은 기회입니다.

오늘의 한자	오늘의 활용 표현
博士 박사	우리 아빠는 척척박사다.

따라 써 보세요!

博	學	多	識	博	學	多	識
넓을 박	배울 학	많을 다	알 식	넓을 박	배울 학	많을 다	알 식
博	學	多	識	博	學	多	識
넓을 박	배울 학	많을 다	알 식	넓을 박	배울 학	많을 다	알 식

7월 31일

백척간두

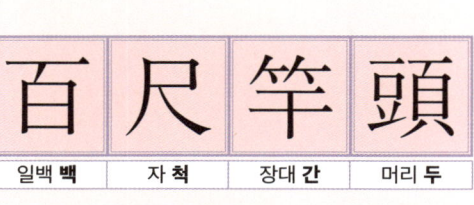

百 尺 竿 頭
일백 백 자 척 장대 간 머리 두

백 자나 되는 높은 장대 위에 올라섰다.

백 자나 되는 장대 위에 올라선 모습은 상상만 해도 아찔하고 위태롭습니다.
혹시 '백척간두' 같은 상황에 내몰리지 않았나요?
밑을 내려다보지 말고 앞을 보세요. 해결책이 보일 겁니다.

오늘의 한자	오늘의 활용 표현
百尺 백척	백 척은 몇 미터나 될까?

따라 써 보세요!

百	尺	竿	頭	百	尺	竿	頭
일백 백	자 척	장대 간	머리 두	일백 백	자 척	장대 간	머리 두
百	尺	竿	頭	百	尺	竿	頭
일백 백	자 척	장대 간	머리 두	일백 백	자 척	장대 간	머리 두

8월

8월 1일 · 불문곡직

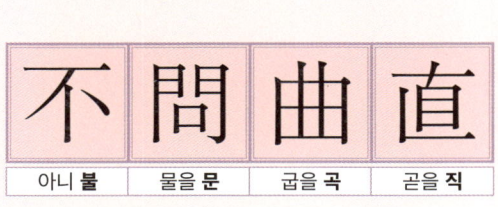

옳고 그름을 묻지 아니함.

어떤 것이 옳고 그른지를 묻지 않고 무작정 자신의 판단대로 실행에 옮길 때 쓰는 말입니다. 이런 태도는 결코 좋지 않습니다. "돌다리도 두드려 보고 건넌다"는 속담도 있잖아요.

오늘의 한자	오늘의 활용 표현
不問 불문	남녀노소 불문하고

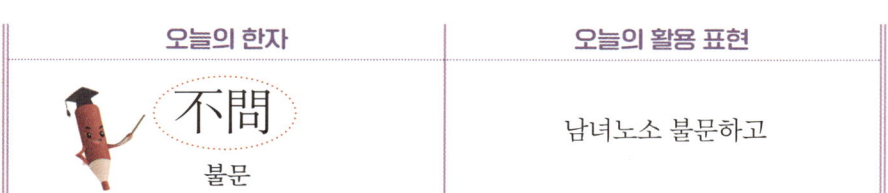

따라 써 보세요!

천불생무록지인이라　　●8월 2일

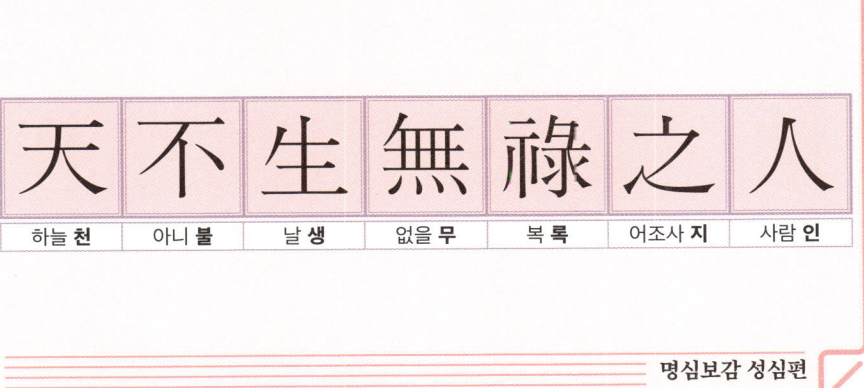

명심보감 성심편

하늘은 복되고 존귀하지 않은 사람을 내지 않는다.

혹시 '나는 왜 태어났는지 모르겠어.'
'내 인생은 왜 이렇게 엉망일까?'라고 생각하고 있나요?
이런 부정적인 생각은 빨리 버리세요.
"하늘은 복 없는 사람을 내지 않는다"라는 말을 기억하세요.

오늘의 한자	오늘의 활용 표현
福祿 복록	복록을 누릴 내 인생

따라 써 보세요!

8월 3일

지불장무명지초이니라

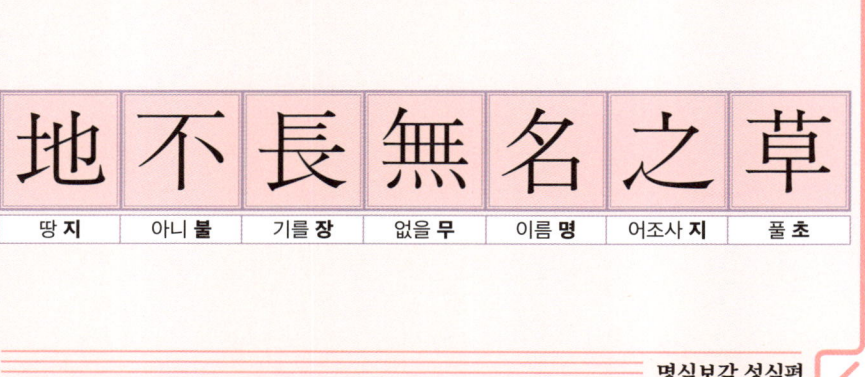

명심보감 성심편

땅은 이름 없는 풀을 기르지 않는다.

아무런 관심조차 받지 못하는 길가에 핀 풀 한 포기도 이름이 있고 존재감이 있습니다. 사람들이 이름을 모르고 관심이 없을 뿐입니다. 나는 우연히 이 세상에 온 것이 아닙니다. 나는 세상에서 가장 소중한 존재입니다.

오늘의 한자	오늘의 활용 표현
無名 무명	서러운 무명 가수 시절

따라 써 보세요!

삼척동자　　　● 8월 4일

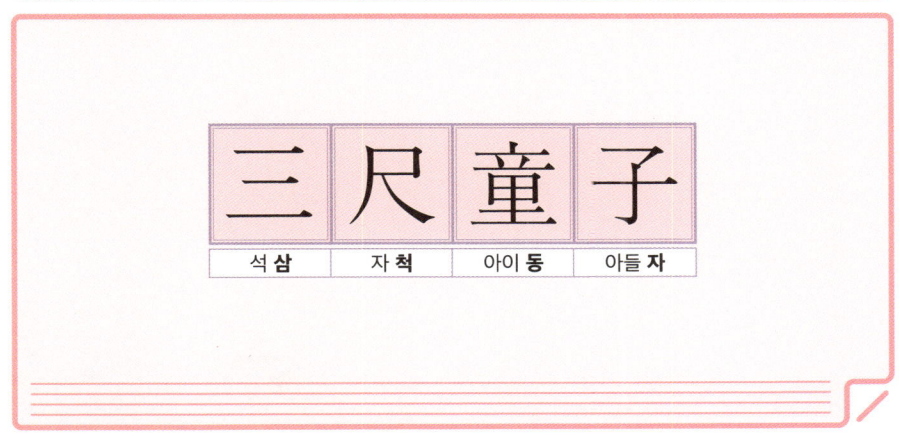

키가 삼 척밖에 되지 않는 어린 아이.

삼 척(약 90cm) 동자는 세상 물정을 모르는 아주 어린아이를 가리킵니다.
"삼 척 동자도 다 아는 사실"이란 말로 많이 쓰이는데,
그런 걸 모르는 일은 없어야겠습니다.

오늘의 한자	오늘의 활용 표현
玉 童子 (옥동자)	이모가 옥동자를 낳았다.

따라 써 보세요!

8월 5일 · 삼고초려

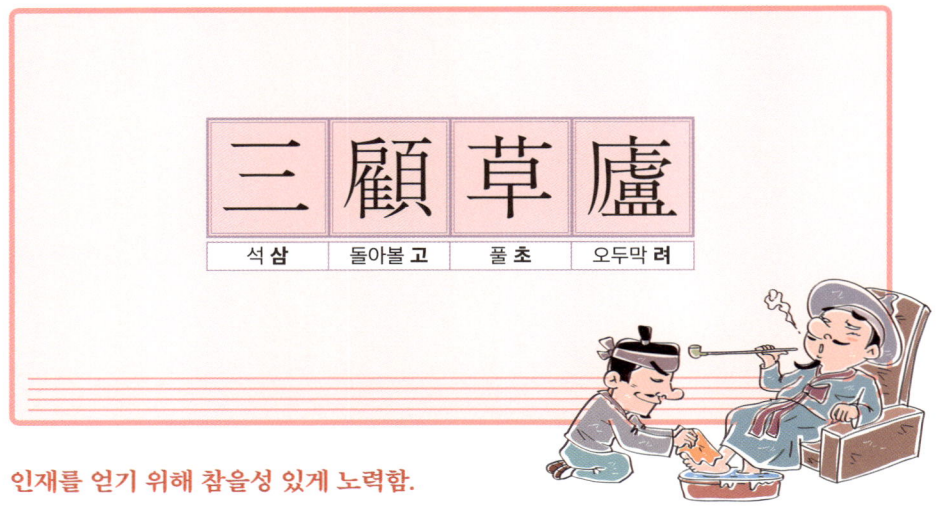

三 顧 草 廬
석 삼 / 돌아볼 고 / 풀 초 / 오두막 려

인재를 얻기 위해 참을성 있게 노력함.

유비가 제갈공명을 자신의 사람으로 만들기 위해 그가 사는 오두막에 세 번이나 찾아가는 정성을 보여 준다는 이야기에 나온 고사성어입니다. 정성을 다하면 통하는 법입니다.

오늘의 한자	오늘의 활용 표현
草 家 초가	할머니가 어렸을 때 살던 초가집

따라 써 보세요!

三	顧	草	廬	三	顧	草	廬
석 삼	돌아볼 고	풀 초	오두막 려	석 삼	돌아볼 고	풀 초	오두막 려
三	顧	草	廬	三	顧	草	廬
석 삼	돌아볼 고	풀 초	오두막 려	석 삼	돌아볼 고	풀 초	오두막 려

이의온아 이식포아　　　8월 6일

사자소학

옷으로 나를 따뜻하게 하시고, 밥으로 나를 배부르게 하셨도다.

부모님은 내가 입는 옷과 먹을 음식을 주시는 분입니다.
세상에 이렇게 해 주는 사람이 부모님 말고 또 있을까요?
부모님께 가끔 감사를 표현해 보세요. 부모님이 햇살처럼 웃으실 겁니다.

오늘의 한자	오늘의 활용 표현
過食 과식	과식해서 배탈이 났다.

따라 써 보세요!

8월 7일 · 막역지우

莫	逆	之	友
없을 막	거스릴 역	어조사 지	벗 우

서로 거스르지 않는 친구.

서로 허물없이 친하게 지내는 친구를 이르는 말입니다.
서로를 너무 잘 알기에 숨길 것도 없고,
같이 있으면 너무 편한 친구를 가리키지요.
나의 '막역지우'는 누구인가요?

오늘의 한자	오늘의 활용 표현
莫逆 막역	나의 막역한 친구

따라 써 보세요!

莫	逆	之	友	莫	逆	之	友
없을 막	거스릴 역	어조사 지	벗 우	없을 막	거스릴 역	어조사 지	벗 우
莫	逆	之	友	莫	逆	之	友
없을 막	거스릴 역	어조사 지	벗 우	없을 막	거스릴 역	어조사 지	벗 우

입추

• 8월 8일

24절기 중 열 세번째 절기.

가을이 들어선다는 절기입니다.
아직도 찌는 듯한 무더위가 계속되는데 무슨 가을이냐고요?
잘 느껴지진 않겠지만 가을은 서서히 오고 있습니다.
조금만 더 견디면 하늘이 높아지는 가을이 옵니다.

오늘의 한자	오늘의 활용 표현
秋收 추수	추수의 계절 가을

따라 써 보세요!

8월 9일 · 욕식기인대 선시기우하라

명심보감 성심편

그 사람을 알려고 한다면 먼저 그 친구를 보라.

내가 누구인지를 알고 싶으면 나와 가장 친한 친구의 모습을 살펴보면 됩니다.
그 친구의 모습이 '나'입니다. 친구를 보면 그 사람을 알 수 있습니다.
친구는 내 모습을 비춰 주는 거울과 같은 존재입니다.

오늘의 한자	오늘의 활용 표현
知識 지식	책 속에 있는 많은 지식

따라 써 보세요!

삼인행이면 필유아사언이라 • 8월 10일

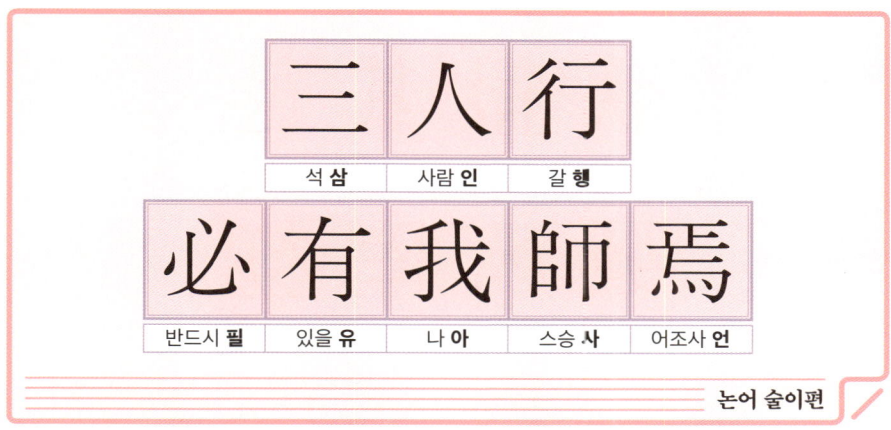

세 사람이 길을 가면, 그 가운데 반드시 내 스승이 될 만한 사람이 있다.

내 친구 중에 나보다 나은 친구가 반드시 있습니다.
부러워만 말고 그 친구를 보면서 배워야 합니다.
심지어 나보다 못한 사람에게도 배울 점은 있습니다.

오늘의 한자	오늘의 활용 표현
行人 행인	행인들이 많은 거리

따라 써 보세요!

8월 11일

욕보기덕 호천망극

欲 報 其 德
욕심 욕 / 갚을 보 / 그 기 / 덕 덕

昊 天 罔 極
하늘 호 / 하늘 천 / 그물 망 / 다할 극

사자소학

그 은덕을 갚고자 하지만, 하늘처럼 다함이 없도다.

부모님의 은혜를 갚고자 하지만 하늘처럼 너무 높고 넓어서
그 은혜를 다 갚을 수 없다는 의미입니다.
부모님은 우리에게 거대한 산과 같은 존재입니다.

오늘의 한자

罔極
망극

오늘의 활용 표현

성은이 망극합니다.

따라 써 보세요!

欲 報 其 德 昊 天 罔 極
욕심 욕 / 갚을 보 / 그 기 / 덕 덕 / 하늘 호 / 하늘 천 / 그물 망 / 다할 극

欲 報 其 德 昊 天 罔 極
욕심 욕 / 갚을 보 / 그 기 / 덕 덕 / 하늘 호 / 하늘 천 / 그물 망 / 다할 극

반신반의

• 8월 12일

半 信 半 疑
반 반 / 믿을 신 / 반 반 / 의심할 의

반은 믿고 반은 의심한다.

상대방을 완전히 못 믿는 것은 아니지만 확실히 믿지도 못하는 상태를 이르는 말입니다.
누구나 믿을 만하고 믿음을 주는 사람을 좋아합니다.
나는 얼마나 믿을 만한 사람인가요?

오늘의 한자	오늘의 활용 표현
 疑心 의심	의심받는 범인

따라 써 보세요!

半 信 半 疑 半 信 半 疑
반 반 / 믿을 신 / 반 반 / 의심할 의   반 반 / 같을 신 / 반 반 / 의심할 의

半 信 半 疑 半 信 半 疑
반 반 / 믿을 신 / 반 반 / 의심할 의   반 반 / 같을 신 / 반 반 / 의심할 의

8월 13일 — 개유부지이작지자라

논어 술이편

아마도 제대로 알지도 못하면서 새로운 것을 만드는 사람이 있다.
이미 있는 것을 제대로 알고 이해한 다음에 새로운 것을 만들어야 합니다.
이미 있는 것도 제대로 이해하지 못하면서 뭔가를 아는 양,
떠벌리고 으스대면 나중에 웃음거리가 될 수 있습니다.

오늘의 한자	오늘의 활용 표현
自作 자작	이 노래는 자작곡이다.

따라 써 보세요!

부모의복 물유물천　　● 8월 14일

사자소학

부모님의 의복을 넘어 다니지 말고 밟지 말라.

아무리 옷이라도 부모님이 입는 옷은 부모님처럼 조심스럽게 대해야 합니다.
부모님에 대한 몸가짐을 조심하라는 뜻이지요.
나는 그렇게 하고 있나요?

오늘의 한자	오늘의 활용 표현
衣裳 의상	민족 고유의 의상인 한복

따라 써 보세요!

父母衣服勿踰勿踐
아비부　어미모　옷의　옷복　말물　넘을유　말물　밟을천

父母衣服勿踰勿踐
아비부　어미모　옷의　옷복　말물　넘을유　말물　밟을천

8월 15일　　　　　　　　　　　　　　　　　　**광복절**

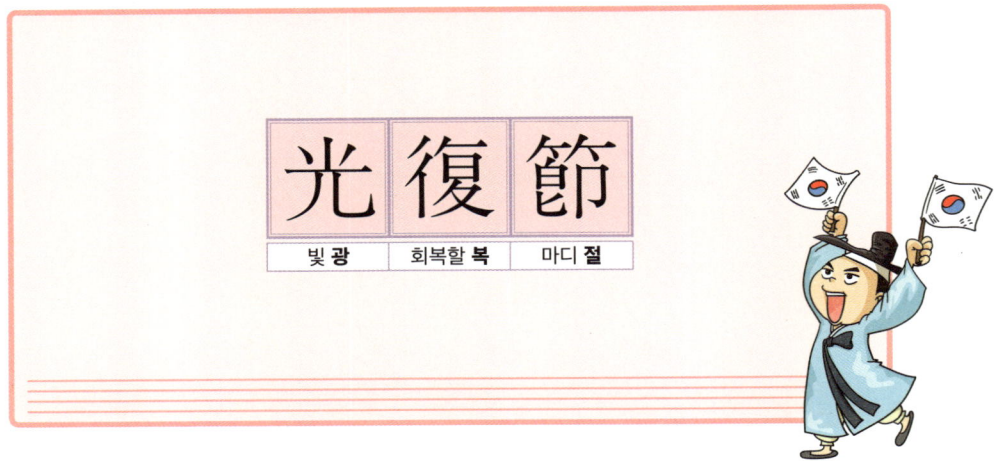

1945년 8월 15일 우리나라가 일본으로부터 광복된 것을 기념하는 국경일.
우리나라는 1910년부터 1945년까지 무려 35년 동안 일본의 지배를 받았습니다.
우리 스스로가 나라를 지킬 힘이 없어 벌어진 일입니다.
다시는 이런 일이 반복되지 않도록 힘을 키워야 합니다.

오늘의 한자	오늘의 활용 표현
光復 광복	태극기를 다는 광복절

따라 써 보세요!

光	復	節	光	復	節
빛 광	회복할 복	마디 절	빛 광	회복할 복	마디 절
光	復	節	光	復	節
빛 광	회복할 복	마디 절	빛 광	회복할 복	마디 절

방약무인

• 8월 16일

傍 若 無 人
곁 **방** / 만일 **약** / 없을 **무** / 사람 **인**

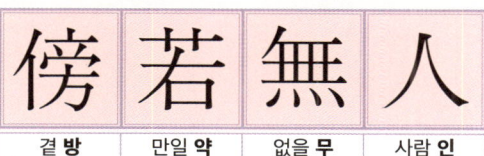

곁에 사람이 없는 것처럼 제멋대로 행동함.
다른 사람에게 폐를 끼치지 않게 행동하는 것은
기본 중의 기본인 태도입니다.
나만 아는 행동은 누구에게도 존중받을 수 없습니다.

오늘의 한자	오늘의 활용 표현
 近**傍** 근방	집 근방에서 놀다.

따라 써 보세요!

傍 若 無 人 傍 若 無 人
곁 **방** / 만일 **약** / 없을 **무** / 사람 **인** / 곁 **방** / 만일 **약** / 없을 **무** / 사람 **인**

傍 若 無 人 傍 若 無 人
곁 **방** / 만일 **약** / 없을 **무** / 사람 **인** / 곁 **방** / 만일 **약** / 없을 **무** / 사람 **인**

8월 17일 · 붕우유신

친구 간에는 믿음이 있어야 한다.

친구 간에는 '믿음'이 있어야 그 관계가 오래갑니다.
친구를 대할 때 '붕우유신'이라는 말을
가슴에 새기고 친구를 대해 보세요.
친구 사이가 더욱 돈독해지고 깊어질 것입니다.

오늘의 한자	오늘의 활용 표현
朋友 — 붕우	붕우는 친구를 이르는 말이다.

따라 써 보세요!

행물만보 좌물의신

8월 18일

行 勿 慢 步
다닐 행 말 물 게으를 만 걸음 보

坐 勿 倚 身
앉을 좌 말 물 의지할 의 몸 신

사자소학

다닐 때에는 걸음을 게으르게 하지 말고, 앉을 때에는 몸을 기대지 말라.

나의 걸음걸이에 대해 생각해 본 적이 있나요? 의자에 앉아 있는 나의 모습은 어떤가요? 이런 일상의 작은 모습이 내 모습입니다. 바르고 올바른 자세는 생활을 바꿔 줍니다.

오늘의 한자	오늘의 활용 표현
速步 속보	속보로 걷다.

따라 써 보세요!

行 勿 慢 步 坐 勿 倚 身
다닐 행 말 물 게으를 만 걸음 보 앉을 좌 말 물 의지할 의 몸 신

行 勿 慢 步 坐 勿 倚 身
다닐 행 말 물 게으를 만 걸음 보 앉을 좌 말 물 의지할 의 몸 신

8월 19일 — 욕지기부인대 선시기자하라

명심보감 성심편

그 아버지를 알려고 한다면 먼저 그 아들을 보라.

부모님과 나는 참 많이 닮았습니다. 성격, 습관, 생각, 모습까지 닮았죠.
그러니 내 아버지를 모르는 사람도 나를 보면 내 아버지를 알 수 있습니다.

오늘의 한자	오늘의 활용 표현
父親 부친	제 부친은 잘 지내십니다.

따라 써 보세요!

사리사욕

• 8월 20일

私 利 私 慾
개인 사 / 이익 리 / 개인 사 / 욕심 욕

개인의 이익과 개인의 욕심.

공적인 자리에 있는 사람이 지위 등을 이용하여 자신의 이익이나 욕심을 채울 때 쓰는 말입니다. 반대 의미로는 '滅私奉公(멸사봉공)'이 있습니다. 어떤 자리든 자신의 이익을 앞세우면 좋지 않습니다.

오늘의 한자	오늘의 활용 표현
 利益 이익	나에게 이익이 되는 일

따라 써 보세요!

私 利 私 慾 私 利 私 慾
개인 사 / 이익 리 / 개인 사 / 욕심 욕 / 개인 사 / 이익 리 / 개인 사 / 욕심 욕

私 利 私 慾 私 利 私 慾
개인 사 / 이익 리 / 개인 사 / 욕심 욕 / 개인 사 / 이익 리 / 개인 사 / 욕심 욕

8월 21일 　　　　　　　　　　　　　　　　　　　　　　　**산전수전**

세상의 온갖 고생과 어려움을 다 겪음.

원래는 '산에서도 싸워 봤고, 물에서도 싸워 봤다'는 뜻입니다.
전쟁처럼 세상의 온갖 고생과 어려움을 다 겪어 봤다는 의미입니다.
우리 조상님들의 삶이 그러했지요.

오늘의 한자	오늘의 활용 표현
山水 산수	산수가 아름답다.

따라 써 보세요!

수물방소 역물고성   • 8월 22일

사자소학

모름지기 큰 소리로 웃지 말고, 또한 큰 소리로 말하지 말라.
작은 소리로 웃고 말하라는 뜻이 아니라, 행동거지를 조심하라는 뜻입니다.
이것은 아무리 강조해도 지나치지 않습니다.
다른 사람에게 피해가 가는 일은 하지 않아야 합니다.

오늘의 한자	오늘의 활용 표현
高聲 고성	고성으로 떠들다.

따라 써 보세요!

8월 23일 · 처서

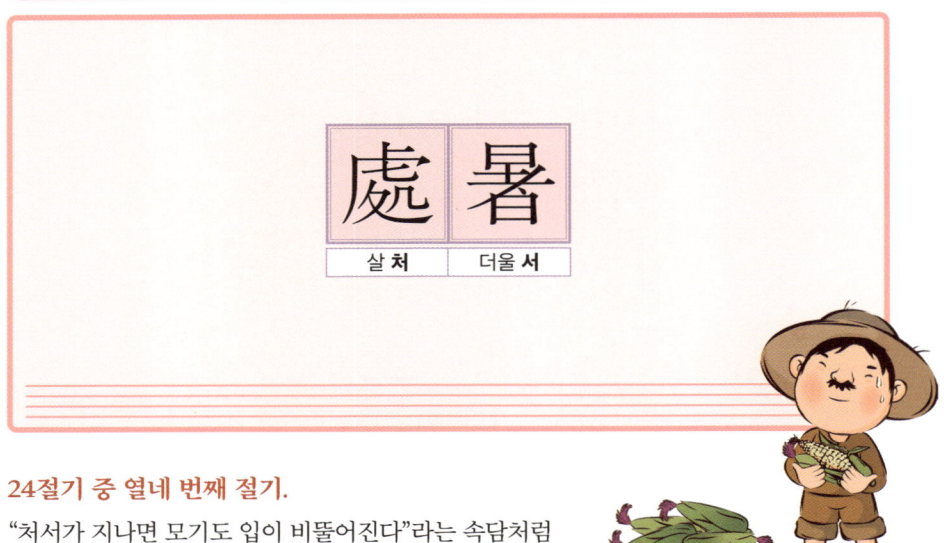

處 暑
살 처 · 더울 서

24절기 중 열네 번째 절기.
"처서가 지나면 모기도 입이 비뚤어진다"라는 속담처럼 지긋지긋했던 여름 모기도 안녕입니다.
더위가 가시고 선선한 가을로 접어드는 절기니까요.
몸도 마음도 상쾌해지는 계절이 돌아왔습니다.

오늘의 한자	오늘의 활용 표현
居 處 거처	거처를 정하다.

따라 써 보세요!

실당유진 상필쇄소　● 8월 24일

室 방실　堂 집당　有 있을유　塵 티끌진
常 항상상　必 반드시필　灑 뿌릴쇄　掃 쓸소

― 사자소학

방과 집에 먼지가 있거든 항상 반드시 물을 뿌리고 청소하라.

내 방뿐만 아니라 우리 집이 지저분할 때 직접 청소를 하나요?
아니면 청소는 부모님 일이니 신경도 쓰지 않나요?
집 안 청소는 어렵더라도 내 방은 깨끗이 정리 정돈하는 습관을 들이세요.
생활이 달라집니다.

오늘의 한자	오늘의 활용 표현
防塵 방진	방진 마스크를 쓰다.

따라 써 보세요!

室 방실　堂 집당　有 있을유　塵 티끌진　常 항상상　必 반드시필　灑 뿌릴쇄　掃 쓸소

室 방실　堂 집당　有 있을유　塵 티끌진　常 항상상　必 반드시필　灑 뿌릴쇄　掃 쓸소

8월 25일 — 인지찰즉무도니라

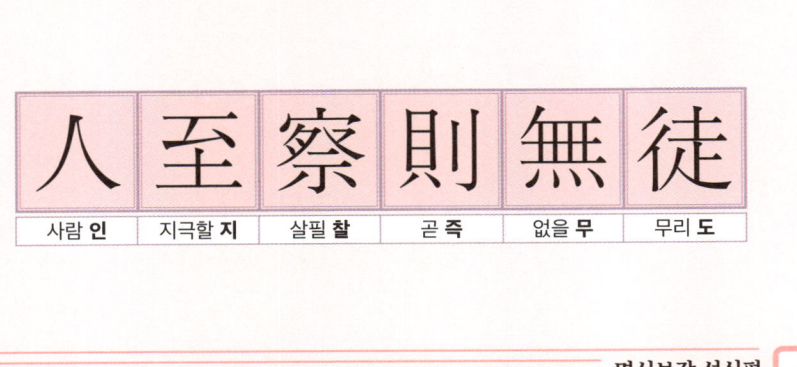

人 至 察 則 無 徒
사람 인 / 지극할 지 / 살필 찰 / 곧 즉 / 없을 무 / 무리 도

명심보감 성심편

사람이 너무 따지면 따르는 사람이 없다.

너무 맑은 물에는 물고기가 살기 어렵듯이, 너무 따지면 따르는 사람이 없습니다.
내 주변에 사람이 없다면 내가 너무 따지는 사람은 아닌지 생각해 보세요.
너그러운 마음이 사람을 불러 모읍니다.

오늘의 한자	오늘의 활용 표현
無人 무인	무인 상점

따라 써 보세요!

멸사봉공

• 8월 26일

滅	私	奉	公
멸할 멸	개인 사	받들 봉	공 공

개인(私)적인 이득을 버리고 공(公)을 위해 힘써 일함.

자신의 이득보다는 공공의 이익을 위해 일한다는 뜻입니다.
정치인들에게 필요한 말이지요.
이런 자세로 일을 하면 어디서든 존경받는 큰사람이 됩니다.

오늘의 한자

奉仕
봉사

오늘의 활용 표현

국가를 위한 봉사

따라 써 보세요!

8월 27일 — 살신성인

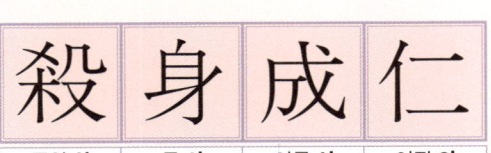

殺	身	成	仁
죽일 살	몸 신	이룰 성	어질 인

자신의 몸을 희생하여 인(仁)을 이룬다.

'인(仁)'이란 사람이 마땅히 행해야 할 옳은 도리를 가리킵니다.
안중근 의사 같은 분의 행동이 '살신성인'입니다.
이런 자세로 평생을 산 사람들은 대개 역사에 이름을 남깁니다.

오늘의 한자
成功
성공

오늘의 활용 표현
실패는 성공의 어머니

따라 써 보세요!

殺	身	成	仁	殺	身	成	仁
죽일 살	몸 신	이룰 성	어질 인	죽일 살	몸 신	이룰 성	어질 인
殺	身	成	仁	殺	身	成	仁
죽일 살	몸 신	이룰 성	어질 인	죽일 살	몸 신	이룰 성	어질 인

십목소시며 십수소지라   • 8월 28일

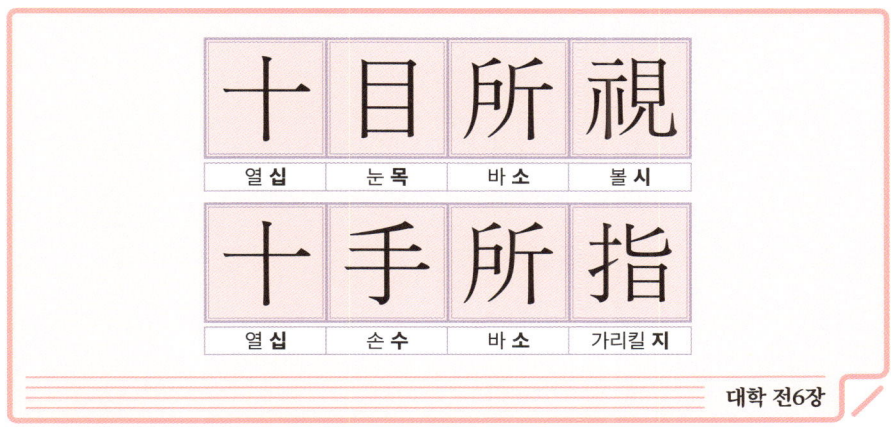

대학 전6장

열 개의 눈이 보고 있으며, 열 개의 손가락이 가리키고 있다.
혼자 있는 곳에도 사방에 눈이 있어 나를 지켜보고 있으며,
사방에 손이 있어 나를 가리키고 있다는 뜻입니다.
여러 사람과 있을 때보다 혼자 있을 때 말과 행동을 더 조심해야 합니다.

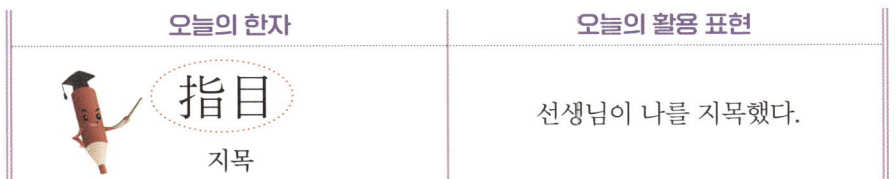

오늘의 한자	오늘의 활용 표현
指目 (지목)	선생님이 나를 지목했다.

따라 써 보세요!

8월 29일 — 독서는 기가지본이라

讀 書 起 家 之 本
읽을 독 / 쓸 서 / 일어날 기 / 집 가 / 어조사 지 / 근본 본

명심보감 입교편

독서는 집안을 일으키는 근본이다.

우리 집안을 일으켜 세워야겠다는 뜻을 지닌 친구가 있나요?
그렇다면 지금부터라도 책을 읽으세요.
나를 일으킬 뿐 아니라 집안까지 일으킬 수 있습니다.
책 속에 길이 있습니다.

오늘의 한자	오늘의 활용 표현
讀書 독서	가을은 독서의 계절

따라 써 보세요!

讀 書 起 家 之 本
읽을 독 / 쓸 서 / 일어날 기 / 집 가 / 어조사 지 / 근본 본

讀 書 起 家 之 本
읽을 독 / 쓸 서 / 일어날 기 / 집 가 / 어조사 지 / 근본 본

오비이락

• 8월 30일

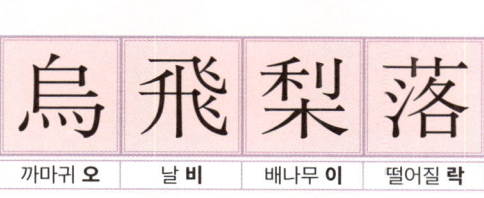

烏	飛	梨	落
까마귀 오	날 비	배나무 이	떨어질 락

까마귀 날자 배 떨어진다.

한 마리 까마귀가 배나무에 앉아 있다가 날아오르자 배가 툭 떨어졌습니다.
당연히 까마귀가 의심받겠지요? 까마귀는 억울하겠지만 말입니다.
기가 막힌 우연을 가리킬 때 자주 쓰는 말입니다.

오늘의 한자	오늘의 활용 표현
飛上 비상	새처럼 비상하고 싶다.

따라 써 보세요!

烏	飛	梨	落	烏	飛	梨	落
까마귀 오	날 비	배나무 이	떨어질 락	까마귀 오	날 비	배나무 이	떨어질 락
烏	飛	梨	落	烏	飛	梨	落
까마귀 오	날 비	배나무 이	떨어질 락	까마귀 오	날 비	배나무 이	떨어질 락

8월 31일 군자필신기독야

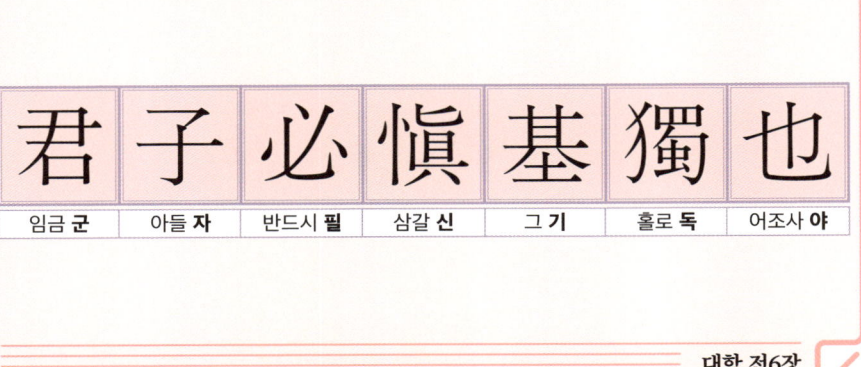

대학 전6장

군자는 반드시 혼자 있을 때 조심한다.

여러 사람들 앞에서의 나의 모습과 혼자 있을 때의 나의 모습 중,
무엇이 진짜 나의 모습일까요? 혹시 두 모습이 많이 다른가요?
혼자 있을 때도 항상 바르고 옳게 행동해야 합니다.

오늘의 한자

獨對
독대

오늘의 활용 표현

임금님을 독대하다.

따라 써 보세요!

9월 1일 • 천고마비

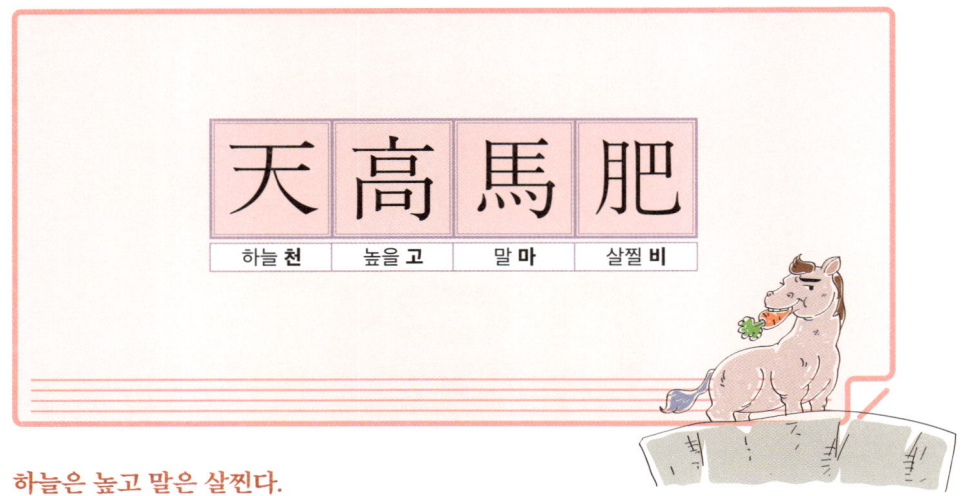

하늘은 높고 말은 살찐다.

온갖 곡식과 과일이 무르익는 풍성한 가을이 찾아왔습니다.
가을을 일러 '천고마비의 계절'이라고 하는데, '하늘은 높고 말은 살찐다'는 뜻입니다.
몸도 마음도 건강해지는 가을이 되길 바랍니다.

오늘의 한자	오늘의 활용 표현
肥滿 비만	비만 체형이 되었다.

따라 써 보세요!

근검은 치가지본이라 • 9월 2일

勤	儉	治	家	之	本
부지런할 근	검소할 검	다스릴 치	집 가	어조사 지	근본 본

명심보감 입교편

부지런하고 검소함은 집안을 다스리는 근본이라.

어른이 되어 가정을 꾸린다면 어떻게 이끌고 싶은가요?
부지런함과 검소함으로 가정을 이끌면 훌륭한 가정이 될 겁니다.
지금 나는 부지런함과 검소함이 몸에 배어 있는지 살펴보세요.

오늘의 한자
儉素
검소

오늘의 활용 표현
옷차림이 검소한 사람

따라 써 보세요!

9월 3일 · 순망치한

입술이 없으면 이가 시리다.

입술과 이는 아주 가까운 관계입니다.
만약 입술이 사라지면 이가 시려서 견디기 어렵겠지요.
이처럼 서로 떨어질 수 없는 밀접한 관계를 가리키는 말입니다.
나에게 입술과 같은 존재는 누구인가요?

오늘의 한자	오늘의 활용 표현
齒牙 치아	치아가 가지런하다.

따라 써 보세요!

脣	亡	齒	寒	脣	亡	齒	寒
입술 순	망할 망	이 치	찰 한	입술 순	망할 망	이 치	찰 한
脣	亡	齒	寒	脣	亡	齒	寒
입술 순	망할 망	이 치	찰 한	입술 순	망할 망	이 치	찰 한

일생지계는 재어유라 • 9월 4일

명심보감 입교편

일생의 계획은 어릴 때에 있다.

어릴 때 자신의 꿈을 가지라는 뜻입니다.
꿈을 가지면 그 꿈을 이루기 위해 노력하기 마련이고, 결국 꿈을 이루기 마련입니다.
나는 꿈이 있나요? 그 꿈을 위해 노력하고 있나요?

오늘의 한자	오늘의 활용 표현
一生 일생	일생 잊을 수 없는 일

따라 써 보세요!

9월 5일 · **비유선조 아신갈생**

사자소학

조상이 있지 않았으면 내 몸이 어찌 생겨났겠는가.

부모님은 나를 낳아 주셨습니다. 나의 부모님은 할아버지와 할머니가 낳아 주셨죠. 이처럼 조상님들이 없었다면 나도 없습니다.
부모님뿐만 아니라 조상님께도 감사하는 마음과 관심을 가져 보세요.

오늘의 한자	오늘의 활용 표현
先祖 선조	선조의 뜻을 받들다.

따라 써 보세요!

학우즉사 위국진충

9월 6일

사자소학

배움이 넉넉하면 벼슬하여 나라를 위해 충성을 다하라.

배움이 넉넉하다는 것은 공부를 잘한다는 뜻입니다.
공부를 잘하면 그 재능을 자신만을 위해 사용하지 말고 다른 사람과 나라를 위해 충성하라는 의미입니다. 큰 힘엔 큰 책임이 따르는 법입니다.

오늘의 한자	오늘의 활용 표현
優秀 우수	우수한 성적

따라 써 보세요!

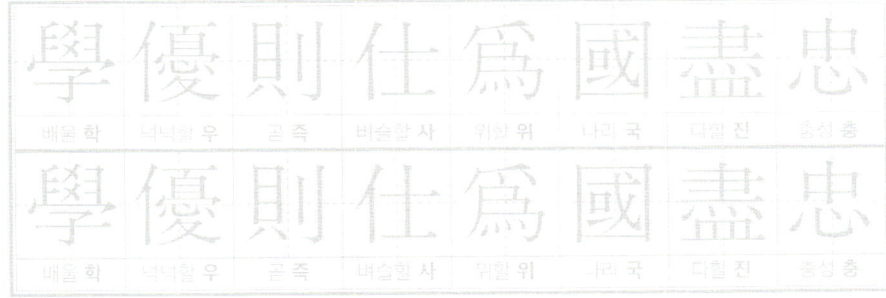

9월 7일 · 소탐대실

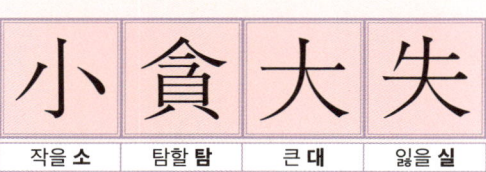

小 貪 大 失
작을 소 | 탐할 탐 | 큰 대 | 잃을 실

작을 것을 탐하다가 큰 손실을 입는다.

작은 욕심에 눈이 멀어 더 큰 것을 잃는다는 의미의 사자성어입니다.
누구나 종종 겪는 일입니다.
작은 것에 너무 연연하지 않아야 합니다.

오늘의 한자
失手
실수

오늘의 활용 표현
작은 실수로 빚어진 일

따라 써 보세요!

백로　　　● 9월 8일

白	露
흰 백	이슬 로

24절기 중 열다섯 번째 절기.

'백로'는 '흰 이슬'이라는 뜻입니다.
낮과 밤의 기온차로 인해 풀잎에 이슬이 맺히기 시작하는 시기이지요.
백로부터는 가을 기운이 완연하고 갑자기 시원해집니다.
시간은 또 어김없이 가을을 데려왔습니다.

오늘의 한자	오늘의 활용 표현
白露 백로	아름다운 이슬을 일러 '백로'라 한다.

따라 써 보세요!

白	露	白	露	白	露	白	露
흰 백	이슬 로	흰 백	이슬 로	흰 백	이슬 로	흰 백	이슬 로
白	露	白	露	白	露	白	露
흰 백	이슬 로	흰 백	이슬 로	흰 백	이슬 로	흰 백	이슬 로

9월 9일 · 일일지계는 재어인이라

명심보감 입교편

하루의 계획은 새벽에 있다.

일찍 일어나서 하루의 계획을 세우고 시작하는 사람과
그렇지 않은 사람은 어떻게 다를까요?
몇 년 후에는 하늘과 땅처럼 차이가 벌어질지도 모릅니다.
아침 시간을 잘 활용하면 하루가 깁니다.

오늘의 한자	오늘의 활용 표현
計劃 계획	하루의 계획을 세우다.

따라 써 보세요!

과즉물탄개

• 9월 10일

過 則 勿 憚 改
허물 과 | 곧 즉 | 말 물 | 꺼릴 탄 | 고칠 개

논어 자한편

잘못이 있으면 고치기를 꺼리지 말라.

세상에 허물이나 잘못이 없는 사람은 한 명도 없습니다.
다만 그것을 고치려는 사람과 고치지 않으려는 사람이 있을 뿐입니다.
나는 어떤 사람인가요? 내가 고쳐야 하는 허물은 무엇인가요?

오늘의 한자	오늘의 활용 표현
過誤 과오	과오를 범했다.

따라 써 보세요!

過則勿憚改
허물 과 | 곧 즉 | 말 물 | 꺼릴 탄 | 고칠 개

過則勿憚改
허물 과 | 곧 즉 | 말 물 | 꺼릴 탄 | 고칠 개

9월 11일 · 인륜지중 충효위본

인륜 가운데에 충성과 효도가 근본이라.

'인륜'은 '사람이라면 마땅히 지켜야 할 도리'를 말합니다.
여러분은 인륜 가운데 무엇이 최고라고 생각하나요?
예로부터 충성과 효도를 인륜의 으뜸으로 꼽았습니다.
이 정신만은 변하지 않았으면 합니다.

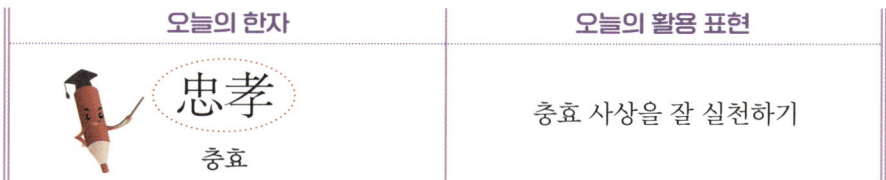

따라 써 보세요!

시기상조

● 9월 12일

時	機	尙	早
때 시	기회 기	오히려 상	이를 조

시기가 아직 무르익지 않고 이름.

맛있는 가을 사과는 조금 더 기다려야 합니다.
지금 아무리 맛있는 사과를 찾아봐야 사과는 먹지 못합니다.
조급함을 버리고 조금 더 기다리면 원하던 바를 이룰 수 있습니다.

오늘의 한자
時機
시기

오늘의 활용 표현
시기를 놓치지 말아야 한다.

따라 써 보세요!

9월 13일 · **불재기위면 불모기정이라**

— 논어 금강편

그 자리에 있지 않으면 주제넘게 그 일에 참견하지 않는다.
만약 내가 학급 회장인데 어떤 친구가 자꾸 학급 회장이 해야 할 일을 하려고 한다면 기분이 어떨까요? 자기에게 주어진 일을 열심히 최선을 다해 하는 것이 삶의 지혜입니다. 남의 일에 참견하지 마세요.

오늘의 한자	오늘의 활용 표현
圖謀 도모	일을 도모하다.

따라 써 보세요!

효당갈력 충즉진명 · 9월 14일

사자소학

효도는 마땅히 힘을 다해야 하고, 충성은 목숨을 다해야 한다.

무슨 일이든 정성을 다하고 최선을 다해야 합니다. 적당히 해서는 되는 일이 없습니다. 효도 역시 힘을 다해야 합니다. 나는 부모님께 진심을 다해 효도하고 있나요?

오늘의 한자	오늘의 활용 표현
盡力 진력	효도하는 데 진력을 다하다.

따라 써 보세요!

孝當竭力忠則盡命
孝當竭力忠則盡命

9월 15일 · **부창부수 가도성의**

사자소학

남편이 선창하고 부인이 따르면 집안의 도가 이루어진다.

집안의 중심은 부부입니다.
부부가 마음이 잘 맞고 손발이 잘 맞아야 가정이 화목하고 행복해집니다.
부모님의 마음이 잘 맞을 수 있도록 내가 할 수 있는 일은 무엇일까요?

오늘의 한자	오늘의 활용 표현
先**唱** 선창	엄마가 선창하고 내가 따라 불렀다.

따라 써 보세요!

夫	唱	婦	隨	家	道	成	矣
남편 부	부를 창	아내 부	따를 수	집 가	길 도	이룰 성	어조사 의
夫	唱	婦	隨	家	道	成	矣
남편 부	부를 창	아내 부	따를 수	집 가	길 도	이룰 성	어조사 의

신상필벌

• 9월 16일

信 賞 必 罰
믿을 신   상줄 상   반드시 필   죄 벌

공이 있는 사람에게는 상을 주고, 죄가 있는 사람에게는 벌을 준다.

잘한 사람에게는 상을 주고, 죄가 있는 사람에게는 벌을 내리는 게
제대로 되지 않으면 여러 곳에서 불만이 터져 나옵니다.
공정한 세상을 만드는 건 우리 모두의 몫입니다.

오늘의 한자	오늘의 활용 표현
 賞罰 상벌	상벌점 제도

따라 써 보세요!

信 賞 必 罰   信 賞 必 罰
믿을 신 상줄 상 반드시 필 죄 벌   믿을 신 상줄 상 반드시 필 죄 벌

信 賞 必 罰   信 賞 必 罰
믿을 신 상줄 상 반드시 필 죄 벌   믿을 신 상줄 상 반드시 필 죄 벌

9월 17일 · 심사숙고

深 思 熟 考
깊을 심 / 생각 사 / 익을 숙 / 상고할 고

깊이 잘 생각함.

최근에 '심사숙고'한 일이 있나요?
사실 우리가 만나는 모든 일이 함부로 쉽게 결정할 일은 아닙니다.
무슨 일이든 가볍게 생각하지 말고 깊이 생각해 보세요.

오늘의 한자	오늘의 활용 표현
熟考 (숙고)	숙고 끝에 내린 결론

따라 써 보세요!

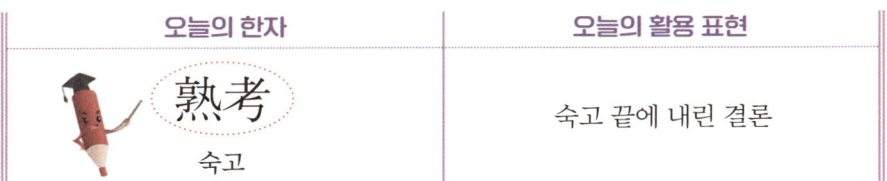

형제자매 동기이생   • 9월 18일

사자소학

형제와 자매는 같은 기운을 받고 태어났다.

같은 기운을 받고 태어났다는 것은 같은 부모님에게서 태어났다는 뜻입니다.
형제자매가 서로 사이좋게 지내야 하는 이유도 여기에 있습니다.
보통 인연이 아니니 서로를 아끼고 사랑해야 합니다.

오늘의 한자	오늘의 활용 표현
姉妹 자매	사이좋은 자매

따라 써 보세요!

9월 19일 · 당관지법은 왈청왈신왈근이라

명심보감 치정편

관리된 자가 지켜야 할 법은 청렴함과 신중함과 부지런함이다.

어른이 되어 높은 자리에 앉고 싶다면 청렴함과 신중함과 부지런함을 갖추어야 합니다. 이것은 갑자기 생겨나지 않습니다. 교육받고 연습해야 습관이 되지요.

오늘의 한자	오늘의 활용 표현
清廉 청렴	청렴한 관리

따라 써 보세요!

수수방관

• 9월 20일

袖	手	傍	觀
소매 수	손 수	곁 방	볼 관

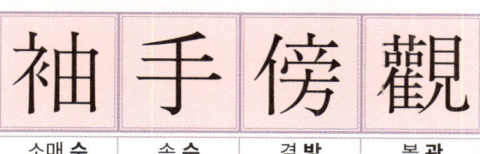

팔짱을 끼고 곁에서 구경만 한다.

친구들끼리 싸움이 났는데 팔짱을 끼고 구경만 하는 친구가 있다면 어떤 생각이 드나요? 아무 일에나 나서도 안 되지만 아무 일에나 뒷짐 지고 있으면 아무도 곁에 남지 않을 겁니다.

오늘의 한자

傍觀
방관

오늘의 활용 표현

불의한 일에 방관하지 않겠다.

따라 써 보세요!

袖	手	傍	觀	袖	手	傍	觀
소매 수	손 수	곁 방	볼 관	소매 수	손 수	곁 방	볼 관
袖	手	傍	觀	袖	手	傍	觀
소매 수	손 수	곁 방	볼 관	소매 수	손 수	곁 방	볼 관

9월 21일 · 예의주시

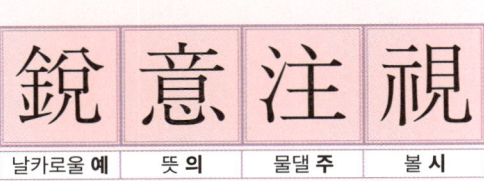

단단히 정신을 차리고 집중하여 자세히 살핌.

상대방의 잘못을 찾아내기 위해 '예의주시'할 수도 있지만, 상대의 장점을 찾기 위해서 '예의주시'할 수도 있습니다.

오늘의 한자	오늘의 활용 표현
注視 주시	상황을 예의주시하다.

따라 써 보세요!

일배지수 필분이음

9월 22일

사자소학

한 잔의 물이라도 반드시 나누어 마셔라.

"콩 한 쪽이라도 나눠 먹으라"라는 말과 같은 의미입니다.
우리 조상들은 남과 나누는 것을 중히 여겼습니다.
남과 내가 더불어 행복하게 살아가는 방법이기 때문입니다

오늘의 한자	오늘의 활용 표현
乾杯 건배	잔을 부딪히며 건배했다.

따라 써 보세요!

9월 23일 · 추분

秋 分
가을 추 · 나눌 분

24절기 중 열여섯 번째 절기.

봄에 낮과 밤의 길이가 같아지는 절기를 '춘분'이라 하고, 가을에는 '추분'이라 합니다.
낮보다는 밤이 길어지기 때문에 한 해가 점점 저물어감을 느낄 수 있습니다.
낮과 밤의 온도차가 커지니 건강 또한 잘 챙기세요.

오늘의 한자	오늘의 활용 표현
分配 분배	공평하게 분배하자.

따라 써 보세요!

秋	分	秋	分	秋	分	秋	分
가을 추	나눌 분	가을 추	나눌 분	가을 추	나눌 분	가을 추	나눌 분
秋	分	秋	分	秋	分	秋	分
가을 추	나눌 분	가을 추	나눌 분	가을 추	나눌 분	가을 추	나눌 분

형제유실 은이물양

9월 24일

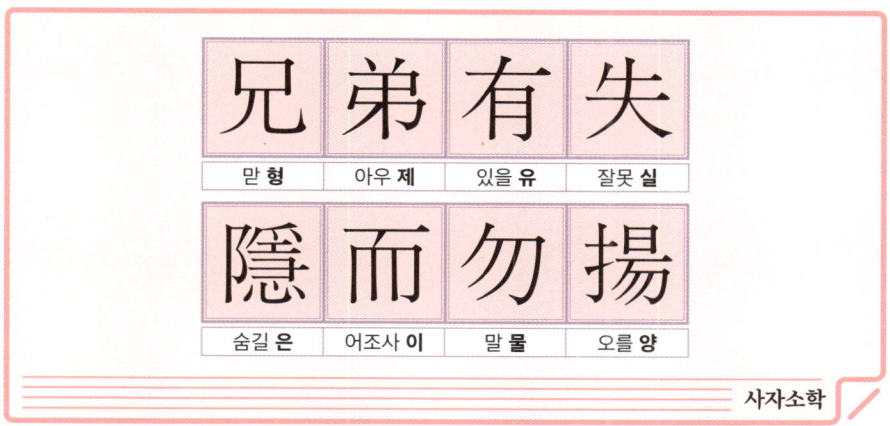

사자소학

형제 간에 잘못이 있으면 숨기고 드러내지 말라.

사랑하는 사이끼리는 허물을 덮어 주어야 합니다.
형제 간뿐만 아니라, 가족끼리는 서로 허물을 덮어 주고 보듬어 주는 것이 마땅합니다.

오늘의 한자	오늘의 활용 표현
隱密 은밀	친구를 향한 은밀한 내 마음

따라 써 보세요!

兄 弟 有 失 隱 而 勿 揚
맏 형 아우 제 있을 유 잘못 실 숨길 은 어조사 이 말 물 오를 양

兄 弟 有 失 隱 而 勿 揚
맏 형 아우 제 있을 유 잘못 실 숨길 은 어조사 이 말 물 오를 양

9월 25일

자효쌍친락이라

子	孝	雙	親	樂
아들 자	효도 효	쌍 쌍	어버이 친	즐거울 락

명심보감 치가편

자식이 효도하면 어버이가 즐겁다.

부모님은 여러분이 기쁘고 행복하게 살아가길 원합니다.
자녀도 부모님이 기쁘고 행복하게 살아가길 원하지요.
부모님이 그렇게 살아가길 원하고, 그것을 위해 행동하는 것이 효도입니다.

오늘의 한자

雙生兒
쌍생아

오늘의 활용 표현

똑같이 닮은 쌍생아

따라 써 보세요!

아전인수　　9월 26일

我 田 引 水
나 아　밭 전　끌 인　물 수

내 밭으로만 물을 끌어온다.

농사를 지을 때는 논밭에 제때 물을 공급하는 일이 가장 중요합니다.
그런데 어떤 농부는 자신의 밭으로만 물을 끌어오려고 이기적으로 행동합니다.
더불어 살아가는 세상에서 이런 이기적인 행동은 매우 곤란합니다.

오늘의 한자	오늘의 활용 표현
田畓 전답	시골 전답을 팔았다.

따라 써 보세요!

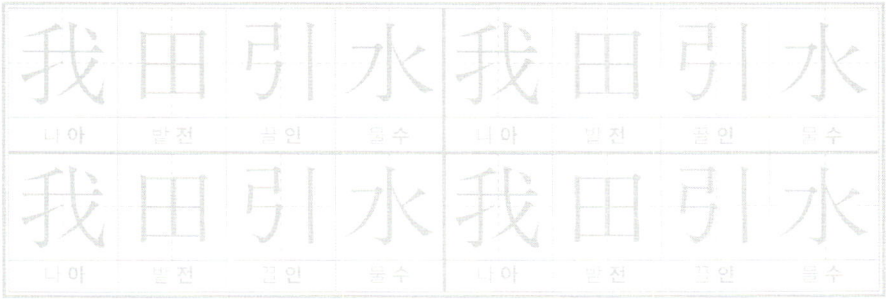

9월 27일 · 애지중지

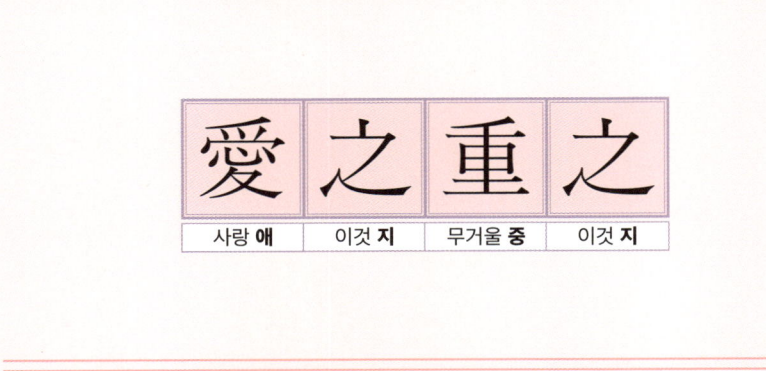

매우 사랑하고 소중히 여기는 모양.

부모님은 나를 '애지중지' 여기십니다.
매우 사랑하고 소중하게 여기는 것을 일러 이렇게 표현하지요.
내가 가장 애지중지하는 것은 무엇인가요?
물건보다는 사람을 애지중지하는 마음을 갖기 바랍니다.

오늘의 한자	오늘의 활용 표현
愛情 애정	부모님의 애정

따라 써 보세요!

사교차인이면 기여부족관야이라   • 9월 28일

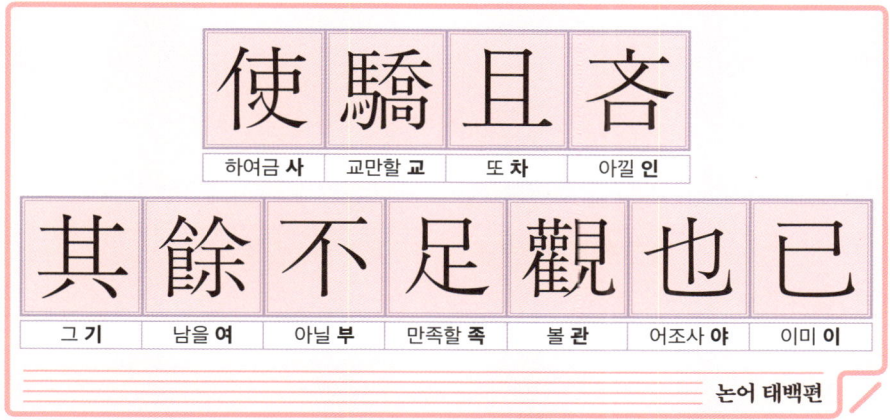

논어 태백편

만약 교만하고 인색하다면, 그 나머지는 볼 것이 없다.

공자님은 아무리 재주가 많고 아름다운 외모를 지닌 사람이라도
잘난 척에 거만하고, 남에게 베풀지 않는다면 나머지는 볼 것이 없다고 말합니다.
혹시 나에게도 교만함과 인색함이 없는지 잘 살펴보세요.

오늘의 한자	오늘의 활용 표현
吝 吝 인색	인색한 짠돌이 친구

따라 써 보세요!

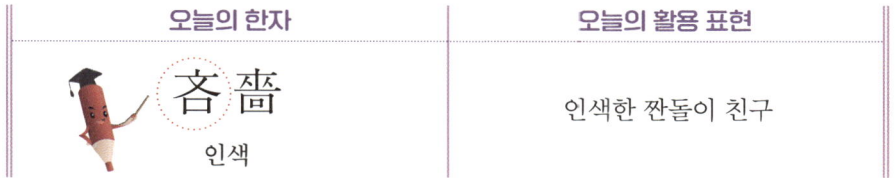

9월 29일 · 위풍당당

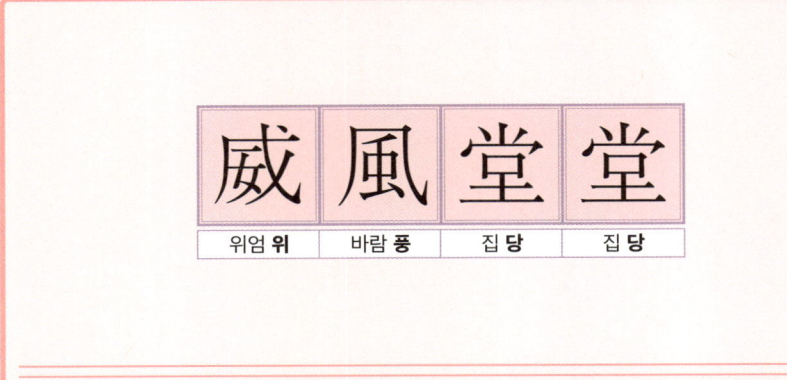

풍채나 기세가 위엄 있고 당당함.

왕이 행차할 때 멋진 가마를 타고 많은 군졸들이 호위하는 가운데 행진하는 모습을 '위풍당당하다'라고 표현합니다.
내면에 자신감이 있는 사람은 걷는 모습도 위풍당당합니다.
오늘 하루 위풍당당하게 시작해 볼까요?

오늘의 한자	오늘의 활용 표현
風采 풍채	풍채가 당당한 우리 아빠

따라 써 보세요!

와신상담

9월 30일

臥 薪 嘗 膽
누울 **와** / 섶나무 **신** / 맛볼 **상** / 쓸개 **담**

가시나무 위에서 자고 쓰디 쓴 쓸개를 먹는다.

어떤 목적을 이루기 위해 온갖 고난을 참고 견디는 모습을 이르는 말입니다.
보통은 원수를 갚기 위해 고통을 참는 모습으로 많이 쓰입니다.
나는 무엇인가를 이루기 위해 '와신상담'의 고통을 견딜 수 있나요?

오늘의 한자	오늘의 활용 표현
膽汁 담즙	담즙은 간에서 만들어지는 소화액이다.

따라 써 보세요!

臥 薪 嘗 膽   臥 薪 嘗 膽
누울 와 / 섶나무 신 / 맛볼 상 / 쓸개 담   누울 와 / 섶나무 신 / 맛볼 상 / 쓸개 담

臥 薪 嘗 膽   臥 薪 嘗 膽
누울 와 / 섶나무 신 / 맛볼 상 / 쓸개 담   누울 와 / 섶나무 신 / 맛볼 상 / 쓸개 담

10월

10월 1일 유비무환

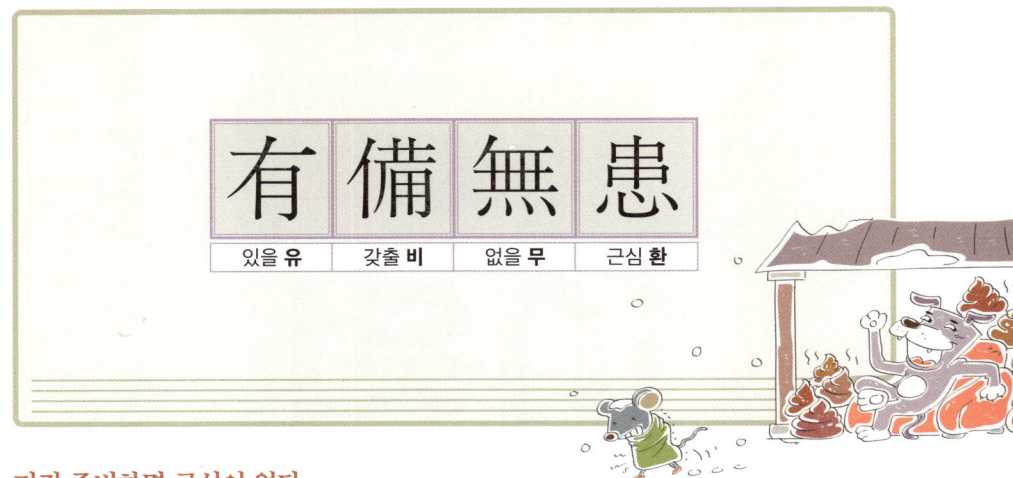

미리 준비하면 근심이 없다.

시험공부를 하지 않았는데 시험 날짜가 다가오면 불안합니다.
하지만 미리 준비하면 기대감이 생기죠.
미리 준비하면 걱정이 없다는 '유비무환'의 자세로 10월을 행복하게 시작하기 바랍니다.

오늘의 한자	오늘의 활용 표현
病 患 병환	점점 깊어가는 할아버지의 병환

따라 써 보세요!

장자자유 유자경장 • 10월 2일

長 길 장　者 사람 자　慈 사랑할 자　幼 어릴 유
幼 어릴 유　者 사람 자　敬 공경할 경　長 길 장

―― 사자소학

어른은 어린이를 사랑하고, 어린이는 어른을 공경하라.
'공경'은 상대를 대할 때 공손히 받들어 모시는 것입니다.
어른들을 대할 때 몸가짐을 조심한다면 분명 사랑받는 사람이 될 것입니다.

오늘의 한자	오늘의 활용 표현
恭敬 공경	부모님을 공경하라.

따라 써 보세요!

長 者 慈 幼 幼 者 敬 長
길 장　사람 자　사랑할 자　어릴 유　어릴 유　사람 자　공경할 경　길 장

長 者 慈 幼 幼 者 敬 長
길 장　사람 자　사랑할 자　어릴 유　어릴 유　사람 자　공경할 경　길 장

10월 3일 · 개천절

고조선 건국을 기념하기 위해 제정된 국경일.

개천절의 '개천(開天)'은 하늘을 열었다는 뜻으로 나라를 세웠다는 의미입니다. 기원전 2333년 단군이 우리나라 최초의 국가인 고조선을 세운 것을 기념하는 날이지요. 반만 년 가까운 우리나라의 역사가 자랑스럽습니다.

오늘의 한자	오늘의 활용 표현
開國 개국	조선을 개국한 이성계

따라 써 보세요!

開	天	節	開	天	節		
열 개	하늘 천	마디 절	열 개	하늘 천	마디 절		
開	天	節	開	天	節		
열 개	하늘 천	마디 절	열 개	하늘 천	마디 절		

인륜위중야이니 불가무독이니라 ● 10월 4일

명심보감 안의편

인륜에서 가장 중요한 것이니, 돈독하게 하지 않으면 안 된다.
여러분은 인생에서 가장 중요한 것이 무엇이라고 생각하나요?
서로 믿고 사랑이 많은 관계로 지내는 것은 정말 중요합니다.
사람들과 관계가 좋으면 행복한 인생을 살아갈 수 있습니다.

오늘의 한자	오늘의 활용 표현
敦篤 돈독	돈독한 형제 관계

따라 써 보세요!

10월 5일 — 시습문자 자획해정

사자소학

처음 문자를 익히거든 글자의 획을 바르게 써라.

글씨를 보면 그 사람의 내면이 보입니다.
반듯하고 정성스럽게 쓴 글씨를 보면 그 글씨를 쓴 사람도 단정하고 반듯해 보입니다.
내 글씨는 어떤가요? 글씨는 그 사람의 마음을 비춰 주는 거울입니다.

오늘의 한자	오늘의 활용 표현
正字 (정자)	흘려 쓰지 말고 정자로 쓰기

따라 써 보세요!

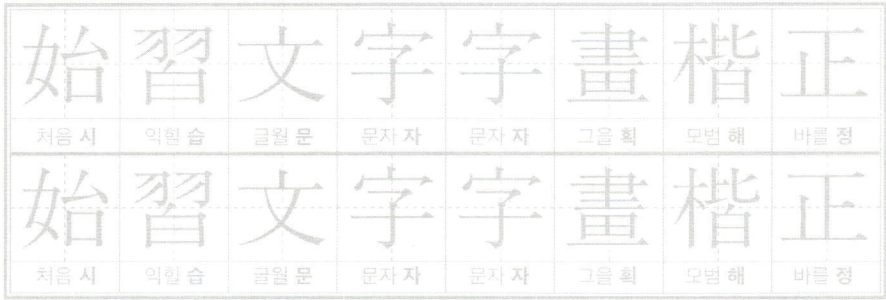

출입문호 개폐필공

• 10월 6일

사자소학

문호(출입문)를 출입하거든 열고 닫기를 반드시 공손하게 하라.

출입문을 여닫을 때 쾅쾅 소리를 내며 여닫지 마세요.
다칠 수 있고, 그 소리에 놀라는 사람도 있습니다.
문을 열고 닫는 모습 속에서도 여러분의 인격이 드러납니다.

오늘의 한자	오늘의 활용 표현
開閉 개폐	자동 개폐 장치

따라 써 보세요!

10월 7일 · 이실직고

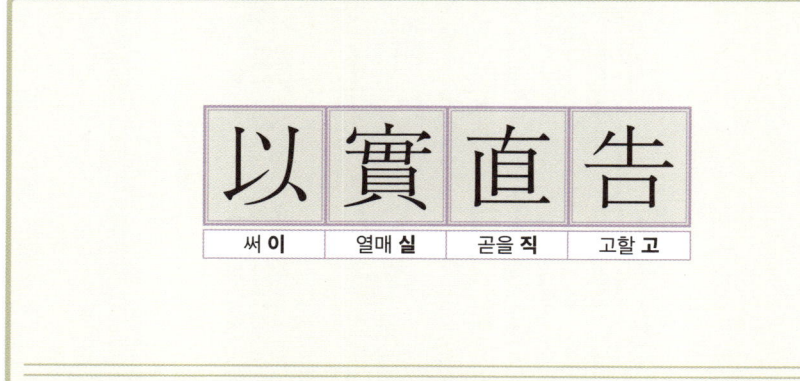

있은 사실 그대로 말함.

사극을 보다 보면 "저놈을 이실직고 할 때까지 매우 쳐라"와 같은 대사가 나오곤 합니다. 부모님께 잘못이 있을 때는 이실직고하는 것이 최선입니다.

오늘의 한자	오늘의 활용 표현
實吐 실토	엄마께 모든 사실을 실토했다.

따라 써 보세요!

한로

• 10월 8일

찰 한 | 이슬 로

24절기 중 열일곱 번째 절기.

'한로'는 찬 이슬이라는 의미로 '백로'부터 이슬이 맺히기 시작해서
이제는 찬 이슬이 맺히는 시기입니다.
가을도 막바지로 접어들고 있다는 의미입니다.
이제 곧 이슬이 서리로 변해 내리기 시작할 겁니다.

오늘의 한자	오늘의 활용 표현
結露 결로	벽에 결로가 생겼다.

따라 써 보세요!

寒	露	寒	露	寒	露	寒	露
찰한	이슬로	찰한	이슬로	찰한	이슬로	찰한	이슬로
寒	露	寒	露	寒	露	寒	露
찰한	이슬로	찰한	이슬로	찰한	이슬로	찰한	이슬로

10월 9일 ·   **한글날**

한글(훈민정음) 반포를 기념하는 국경일.

가장 창의적이고 과학적인 문자라고 인정받는 한글(훈민정음) 반포를 기념하는 날입니다. 한글날은 1928년에 만들어졌는데 1926년에는 '가갸날'이었다고 합니다.
우리말인 한글을 사랑하고 바르게 사용해야겠습니다.

오늘의 한자	오늘의 활용 표현
國慶日 국경일	오늘은 국경일이다.

따라 써 보세요!

國	慶	日	國	慶	日
나라 국	경사 경	날 일	나라 국	경사 경	날 일
國	慶	日	國	慶	日
나라 국	경사 경	날 일	나라 국	경사 경	날 일

석불정이면 불좌라 • 10월 10일

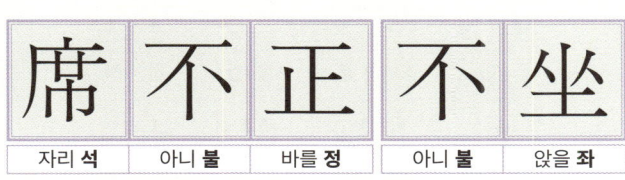

논어 향당편

자리가 바르지 않으면 앉지 않는다.

공자님은 자리가 반듯하고 바르지 않으면 앉지 않았다고 합니다.
이는 사소한 것이라도 중요하게 여기는 공자님의 태도라고 할 수 있습니다.
작은 것을 어떻게 대하는지가 나를 결정합니다.
작은 일이라고 함부로 하지 마세요.

오늘의 한자	오늘의 활용 표현
着席 착석	모두 착석해 주세요.

따라 써 보세요!

10월 11일 · 아경인친 인경아친

사자소학

내가 남의 어버이를 공경하면, 남이 내 어버이를 공경하느니라.
남이 내 부모님에 대해 안 좋은 말을 하는 것만큼 기분 나쁜 일도 없습니다.
남이 내 부모님을 욕하면 기분 나쁘듯, 남도 그렇습니다.
내가 먼저 남의 부모님을 공경하면, 남도 내 부모님을 공경할 것입니다.

오늘의 한자	오늘의 활용 표현
公 人 공인	공인답게 행동해라.

따라 써 보세요!

我 敬 人 親 人 敬 我 親
나 아 공경할 경 사람 인 친할 친 사람 인 공경할 경 나 아 친할 친

我 敬 人 親 人 敬 我 親
나 아 공경할 경 사람 인 친할 친 사람 인 공경할 경 나 아 친할 친

인과응보

• 10월 12일

인할 **인** | 결과 **과** | 응할 **응** | 갚을 **보**

원인과 결과에는 반드시 그에 합당한 이유가 있음.

"콩 심은 데 콩 나고, 팥 심은 데 팥 난다"라는 속담과 가장 가까운 사자성어입니다. 뿌린 대로 거두는 법입니다. 나는 오늘 어떤 씨를 뿌렸나요? 건강한 씨를 뿌리도록 몸과 마음을 좋은 생각으로 가득 채우세요.

오늘의 한자	오늘의 활용 표현
因果 (인과)	인과 관계를 잘 따져야 한다.

따라 써 보세요!

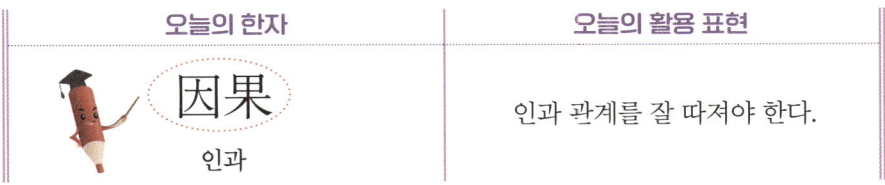

10월 13일 — 극기복례위인이라

논어 안연편

자기를 이기고 예로 돌아가는 것이 인(仁)이다.

어질고 자애로움을 '인(仁)'이라 합니다.
인을 실천하는 사람이 사람다운 사람입니다.
인을 실천하려면 나를 이겨 내고 예로 돌아가야 합니다.
이 구절을 가슴에 새기고 실천해 보세요. 멋진 사람이 될 것입니다.

오늘의 한자	오늘의 활용 표현
克己 (극기)	극기 훈련에 참여하다.

따라 써 보세요!

빈객래방 접대필성　　　● 10월 14일

賓 客 來 訪
손님 빈　손님 객　올 래　찾을 방

接 待 必 誠
사귈 접　대할 대　반드시 필　정성 성

사자소학

손님이 찾아오거든 접대하기를 반드시 정성스럽게 하라.

집에 찾아온 손님을 정성스럽게 대접하는 것은 세계 공통으로 중요하게 여기는 가치입니다. 손님이 누구든 정성스럽게 대접하면 모두가 행복해집니다.

오늘의 한자	오늘의 활용 표현
接待 접대	접대를 제대로 받았다.

따라 써 보세요!

賓 客 來 訪 接 待 必 誠
손님 빈　손님 객　올 래　찾을 방　사귈 접　대할 대　반드시 필　정성 성

賓 客 來 訪 接 待 必 誠
손님 빈　손님 객　올 래　찾을 방　사귈 접　대할 대　반드시 필　정성 성

10월 15일 · 백사재니 불염자오

白 沙 在 泥
흰 백 모래 사 있을 재 진흙 니

不 染 自 汚
아니 불 물들 염 스스로 자 더러울 오

사자소학

흰 모래가 진흙에 있으면 물들이지 않아도 저절로 더러워지느니라.

흰 모래가 진흙 속에 있다 보면 얼마 지나지 않아 흰 모래도 진흙처럼 검은 흙빛으로 변합니다. 사람은 가까이 하는 주변 사람들에 의해 변하기 마련입니다. 좋은 사람들과 가깝게 지내야 나도 좋은 사람이 됩니다.

오늘의 한자	오늘의 활용 표현
汚染 오염	오염된 강물

따라 써 보세요!

白 沙 在 泥 不 染 自 汚
흰 백 모래 사 있을 재 진흙 니 아니 불 물들 염 스스로 자 더러울 오

白 沙 在 泥 不 染 自 汚
흰 백 모래 사 있을 재 진흙 니 아니 불 물들 염 스스로 자 더러울 오

인산인해

• 10월 16일

人 山 人 海
사람 인 | 뫼 산 | 사람 인 | 바다 해

사람이 수없이 많이 모인 상태.

'사람이 산을 이루고 바다를 이루었다'는 뜻입니다. 북한에서는 '인산인해'를 파도에 빗대서 '인산인파(人山人波)'라고 부른답니다.

오늘의 한자

人波
인파

오늘의 활용 표현

인파를 헤치고 걸어갔다.

따라 써 보세요!

10월 17일 — 인지상정

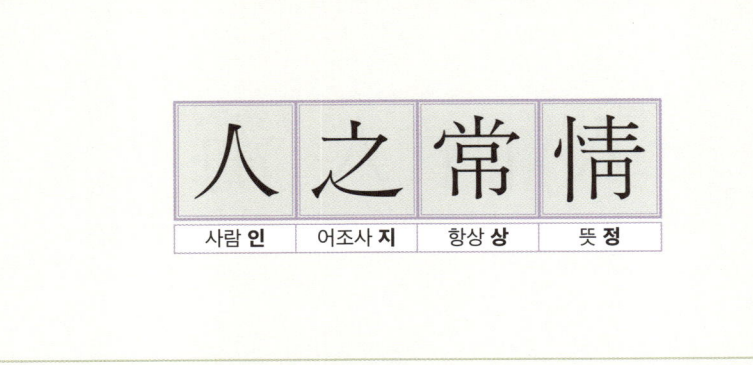

사람들이 보편적으로 가지고 있는 정서나 감정.

'불쌍한 사람을 보면 돕고 싶은 것이 인지상정이다'라는 식의 말로 쓰입니다.
이런 정서나 감정이 없을 때 '매정하다' 또는 '정서가 메말랐다'라고 표현합니다.

오늘의 한자	오늘의 활용 표현
情緒 정서	정서가 메말랐다.

따라 써 보세요!

인무책우 이함불의 • 10월 18일

사자소학

꾸짖어 주는 친구가 없으면 옳지 못한 데 빠지기 쉬우니라.

나에게 좋은 말만 해 주는 친구보다 진심 어린 충고를 해 주는 친구가 더 좋은 친구입니다.
내가 잘못된 길로 갈 때 나를 꾸짖어 주고 충고해 주는 친구가 있나요?
그 친구를 소중히 생각하세요.

오늘의 한자	오늘의 활용 표현
陷穽 함정	함정에 빠지다.

따라 써 보세요!

10월 19일 **다다익선**

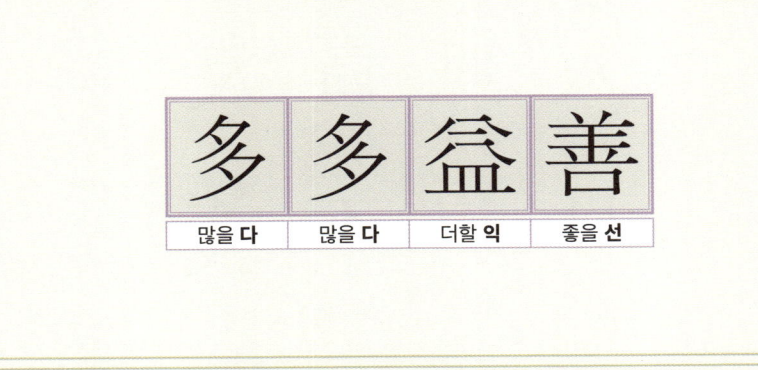

많으면 많을수록 좋다.

사람의 욕심 때문인지 누구든 적게 가지는 것보다는
많이 가지는 것을 좋아합니다.
하지만 많은 것보다는 적당히 있는 것이 더 좋을 때도 많습니다.
욕심을 버릴 줄도 알아야 합니다.

오늘의 한자	오늘의 활용 표현
利益 이익 	이자가 높을수록 이익이다.

따라 써 보세요!

일촉즉발

• 10월 20일

一	觸	卽	發
한 일	닿을 촉	곧 즉	필 발

한 번 닿으면 곧 터질 것 같은 절박한 상황.

'일촉즉발의 위기 상황'이란 말을 자주 씁니다.
시간이 얼마 남지 않은 시한폭탄을 보면 이런 기분이 느껴지죠.
이런 상황에는 처하지 않았으면 좋겠습니다.

오늘의 한자	오늘의 활용 표현
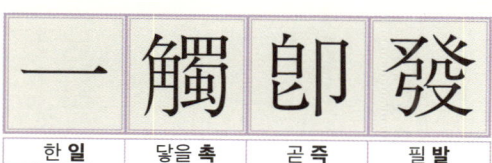 觸發 촉발	놀림이 큰 문제를 촉발했다.

따라 써 보세요!

一	觸	卽	發	一	觸	卽	發
한 일	닿을 촉	곧 즉	필 발	한 일	닿을 촉	곧 즉	필 발
一	觸	卽	發	一	觸	卽	發
한 일	닿을 촉	곧 즉	필 발	한 일	닿을 촉	곧 즉	필 발

10월 21일 **만추가경**

晚 秋 佳 景
늦을 만 가을 추 아름다울 가 경치 경

늦가을의 아름다운 경치.

울긋불긋 물든 단풍이 봄의 꽃보다 더 아름답게 보이는 가을입니다.
아직 가을의 아름다운 경치를 못 봤다면 잠시 시간을 내서 주위를 둘러보세요.
아름다움을 느낄 줄 아는 사람이 행복합니다.

오늘의 한자	오늘의 활용 표현
晚秋 만추	만추의 정취

따라 써 보세요!

晚秋佳景 晚秋佳景
늦을 만 가을 추 아름다울 가 경치 경   늦을 만 가을 추 아름다울 가 경치 경

晚秋佳景 晚秋佳景
늦을 만 가을 추 아름다울 가 경치 경   늦을 만 가을 추 아름다울 가 경치 경

면찬아선 첨유지인

• 10월 22일

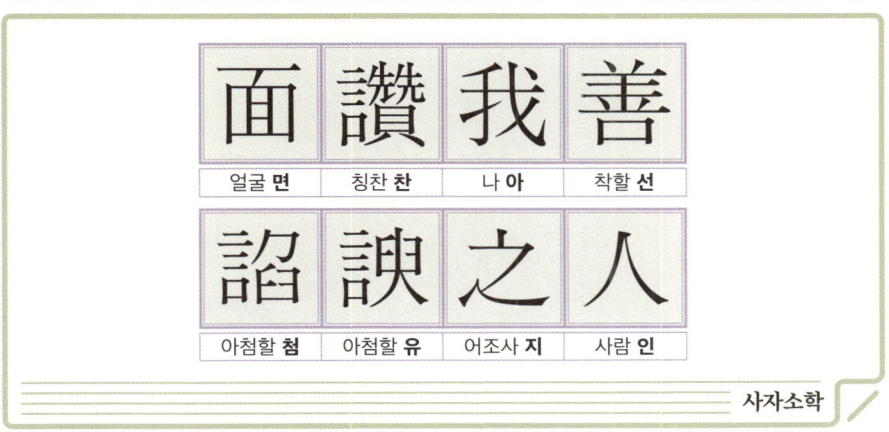

사자소학

대면하여 나의 착한 것을 칭찬하면 아첨하는 사람이니라.

내 앞에서 좋은 말만 하고 칭찬만 늘어놓는 사람은 주의해야 합니다.
나를 정말 좋아하는 사람인지, 아니면 나에게 잘 보이려고 아첨하는 사람인지 살펴보세요.
겉으로 드러나는 것이 전부가 아닙니다.

오늘의 한자	오늘의 활용 표현
 阿諂 아첨	선생님 앞에서 아첨을 떨다.

따라 써 보세요!

10월 23일 · 상강

霜 서리 상　降 내릴 강

24절기 중 열여덟 번째 절기.

'상강'은 '서리가 내린다'는 말로 이슬이 서리로 바뀌어 내리는 절기입니다.
이제 아침저녁으로 꽤 쌀쌀해진 기온이 느껴집니다.
낙엽 지는 모습에서 쓸쓸함이 묻어나는 계절입니다.

오늘의 한자	오늘의 활용 표현
下**降** 하강	하강하는 비행기

따라 써 보세요!

霜降 霜降 霜降 霜降
서리 상 내릴 강　서리 상 내릴 강　서리 상 내릴 강　서리 상 내릴 강

霜降 霜降 霜降 霜降
서리 상 내릴 강　서리 상 내릴 강　서리 상 내릴 강　서리 상 내릴 강

언이불신 비직지우

• 10월 24일

사자소학

말이 믿을 만하지 못하면 정직한 벗이 아니니라.

말이 믿을 만하지 않으면 정직한 친구가 아닙니다.
말이 믿을 만하지 않다는 것은 말과 행동이 같지 않다는 뜻이지요.
이런 친구는 멀리하는 것이 좋습니다.

오늘의 한자	오늘의 활용 표현
不信 불신	내 언행이 불신을 초래했다.

따라 써 보세요!

10월 25일 — 형제는 위수족이라

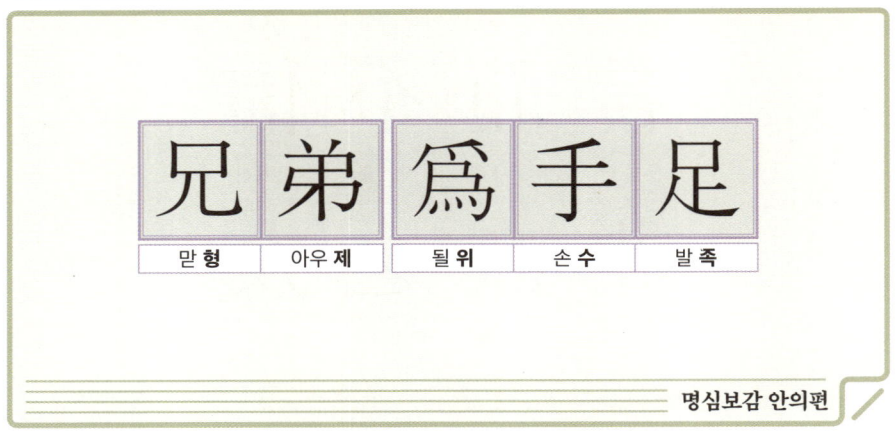

명심보감 안의편

형제는 손발과 같다.

부모님 다음으로 가까운 관계는 형제 관계입니다.
손발은 한 번 끊어지면 다시 잇기 어렵듯이, 형제 관계도 그렇습니다.
그러니 늘 서로를 보살피고 사이좋게 지내야 합니다.

오늘의 한자	오늘의 활용 표현
手足 수족	수족이 마비되었다.

따라 써 보세요!

비일비재　　　● 10월 26일

같은 일이 한두 번이 아니라 수없이 많다.

같은 일이 여러 번 일어나는 경험을 한 번쯤은 해 보았을 것입니다.
내 삶에는 어떤 일이 '비일비재'하게 일어나고 있나요?
좋은 일이 많이 일어나기를 바랍니다.

오늘의 한자	오늘의 활용 표현
再發 재발	사고의 재발을 막다.

따라 써 보세요!

10월 27일 — 임기응변

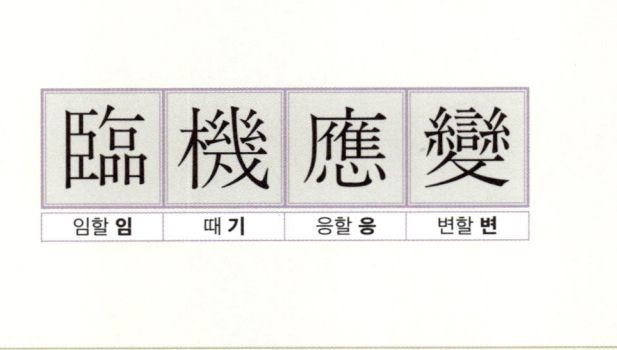

그때그때 처한 형편에 따라 일을 알맞게 처리함.

어떤 일을 당하여 적절하게 반응하고 형편에 따라 일을 잘 처리하는 것을 말합니다.
순발력이 좋고 마음에 여유를 가지고 있는 사람이 '임기응변'에 능합니다.

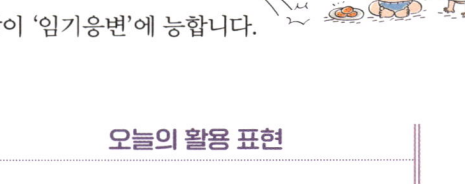

오늘의 한자	오늘의 활용 표현
 變化 변화	행동에 변화가 생기다.

따라 써 보세요!

臨	機	應	變	臨	機	應	變
임할 임	때 기	응할 응	변할 변	임할 임	때 기	응할 응	변할 변
臨	機	應	變	臨	機	應	變
임할 임	때 기	응할 응	변할 변	임할 임	때 기	응할 응	변할 변

군자는 성인지미요 불성인지악이라 • 10월 28일

— 논어 안연편

**군자는 다른 사람의 좋은 점을 이루도록 도와주지,
나쁜 점을 이루도록 도와주지 않는다.**

다른 사람의 좋은 점을 이루도록 도와주는 사람은 군자처럼 훌륭합니다.
하지만 다른 사람의 나쁜 점을 이루도록 도와주는 사람은 소인처럼 나쁩니다.
나는 군자인가요, 소인인가요?

오늘의 한자	오늘의 활용 표현
醜惡 추악	추악한 범죄

따라 써 보세요!

君子成人之美
임금 군 / 아들 자 / 이룰 성 / 사람 인 / 어조사 지 / 아름다울 미

不成人之惡
아니 불 / 이룰 성 / 사람 인 / 어조사 지 / 악할 악

10월 29일 · 약요인중아인대 **무과아중인**이니라

명심보감 준례편

**만일 다른 사람이 나를 정중하게 대해 주길 원하거든,
내가 먼저 다른 사람을 정중히 대해야 한다.**

사람은 누구나 남이 나를 정중하게 대해 주길 바랍니다.
그렇다면 내가 먼저 남을 정중하게 대해 주면 됩니다.
다른 사람들이 나를 함부로 대한다면 나의 태도를 먼저 돌아보세요.

오늘의 한자	오늘의 활용 표현
鄭重 정중	부모님을 정중하게 대해야 한다.

따라 써 보세요!

입신양명

• 10월 30일

立	身	揚	名
설 **입**	몸 **신**	오를 **양**	이름 **명**

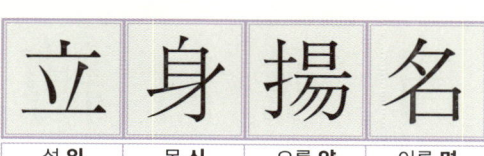

자신의 뜻을 확립하고 이름을 날린다.
사회적으로 인정받고 유명해지는 것을 말합니다. 사람은 누구나 '입신양명'을 꿈꾸기 마련입니다. 여러분은 무엇을 꿈꾸면서 살고 있나요?

오늘의 한자	오늘의 활용 표현
名聲 명성	그의 명성이 자자하다.

따라 써 보세요!

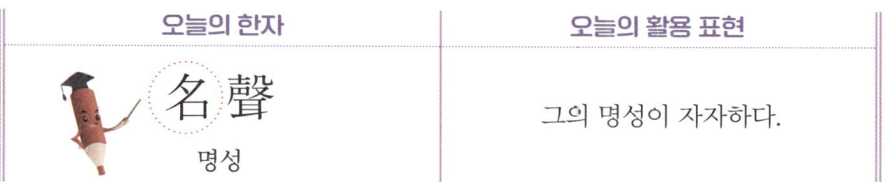

10월 31일

자승자박

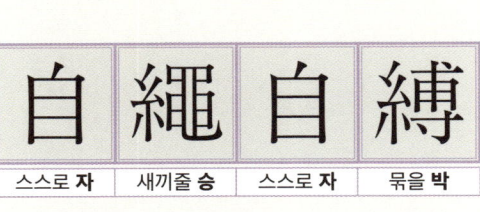

自 繩 自 縛
스스로 자 / 새끼줄 승 / 스스로 자 / 묶을 박

자신이 만든 줄로 제 몸을 스스로 묶는다.

자기가 한 말과 행동 때문에
스스로 어려움에 빠지는 것을 가리킵니다.
자기 꾀에 자기가 넘어가는 꼴입니다.
이런 어리석은 행동은 하지 말아야겠습니다.

오늘의 한자	오늘의 활용 표현
捕縛 포박	포박을 당한 죄인

따라 써 보세요!

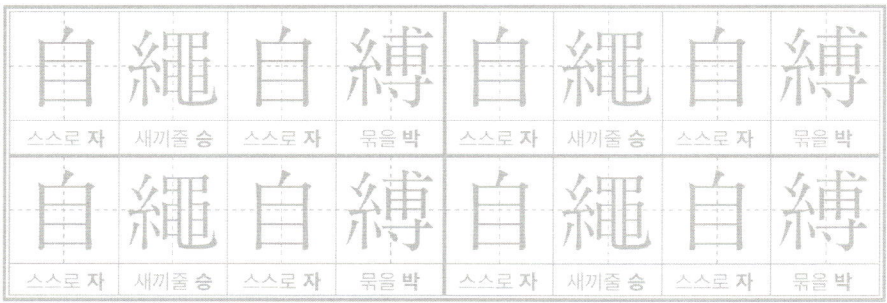

11월

11월 1일 — 염인책자 기행무진

사자소학

남의 꾸짖음을 싫어하는 자는 그 행실에 진전이 없느니라.

사람들은 칭찬은 좋아하지만 꾸짖음은 매우 싫어합니다.
하지만 자신의 발전을 위해서는 남의 꾸짖음도 달게 받아야 합니다.
특히 부모님이나 선생님의 꾸짖음은 마음에 새기고 고치려고 노력하세요.

오늘의 한자	오늘의 활용 표현
厭症 (염증)	학원 다니는 것에 염증을 느낀다.

따라 써 보세요!

부불언자지덕이라 — 11월 2일

父 不 言 子 之 德
아비 부 / 아니 불 / 말씀 언 / 아들 자 / 어조사 지 / 덕 덕

명심보감 준례편

아버지는 아들의 훌륭함을 말하지 말아야 한다.

너무 이상한 말이라는 생각이 드나요?
이 말은 아버지가 자녀를 칭찬하지 말라는 뜻이 아니라,
남 앞에서 자식 자랑하지 말라는 의미입니다.

오늘의 한자	오늘의 활용 표현
德行 덕행	아들의 덕행을 말하면 잘난 척이 된다.

따라 써 보세요!

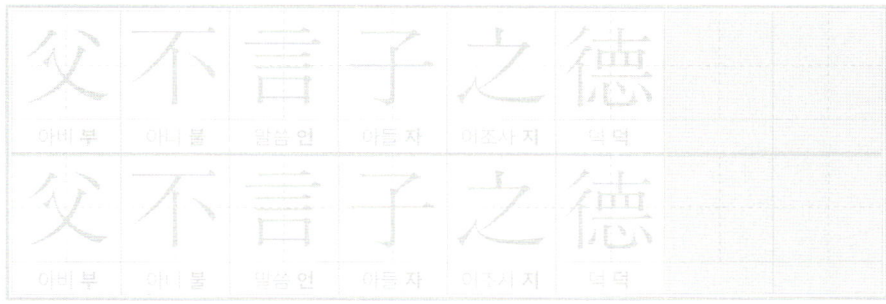

11월 3일 • 자격지심

自 激 之 心
스스로 자 | 물결부딪힐 격 | 어조사 지 | 마음 심

일의 결과에 대해 스스로 미흡하게 여기는 마음.

'자격지심'은 스스로 부딪히는 마음이라는 뜻입니다.
자신이 한 일에 대해 스스로 형편없고 보잘것없다고 느끼는 것이죠.
하지만 너무 자격지심 가질 필요 없습니다.
마음을 편안하게 가지는 게 최선입니다.

오늘의 한자	오늘의 활용 표현
激浪 격랑	격랑이 이는 바다

따라 써 보세요!

自 激 之 心 自 激 之 心
스스로 자 | 물결부딪힐 격 | 어조사 지 | 마음 심 | 스스로 자 | 물결부딪힐 격 | 어조사 지 | 마음 심

自 激 之 心 自 激 之 心
스스로 자 | 물결부딪힐 격 | 어조사 지 | 마음 심 | 스스로 자 | 물결부딪힐 격 | 어조사 지 | 마음 심

자불담부지과니라 · 11월 4일

子 不 談 父 之 過
아들 자 / 아니 불 / 말씀 담 / 아비 부 / 어조사 지 / 허물 과

명심보감 준례편

아들은 아버지의 허물을 말하지 말아야 한다.

모든 사람들이 다 싫어하는 것이 비난입니다.
더군다나 자식이 부모님의 허물을
다른 사람들에게 떠벌리는 것은 해서는 안 되는 행동입니다.
부모님께는 사랑만 드려야 합니다.

오늘의 한자	오늘의 활용 표현
雜談 잡담	수업 시간에 잡담 금지

따라 써 보세요!

11월 5일 — 자초지종

일의 처음부터 끝까지의 전체 과정.

특히 어떤 이야기를 할 때는 '자초지종'을 잘 말하는 것이 중요합니다.
시간의 흐름에 따라 말을 하면 자초지종을 잘 말할 수 있습니다.

오늘의 한자	오늘의 활용 표현
始 終 시종	시종 침묵을 지키다.

따라 써 보세요!

적반하장

• 11월 6일

賊	反	荷	杖
도둑 적	돌이킬 반	꾸짖을 하	몽둥이 장

잘못한 사람이 도리어 아무 잘못도 없는 사람을 나무람.

'적반하장'은 원래 '도둑이 도리어 매를 든다'는 뜻입니다.
도둑이 매를 맞고 비난을 받아야 하는데
거꾸로 된 상황을 이르는 것이지요.
'적반하장도 유분수지'라는 관용 표현으로도 많이 사용됩니다.

오늘의 한자

棍**杖**
곤장

오늘의 활용 표현

곤장을 매우 쳐라.

따라 써 보세요!

賊	反	荷	杖	賊	反	荷	杖
도둑 적	돌이킬 반	꾸짖을 하	몽둥이 장	도둑 적	돌이킬 반	꾸짖을 하	몽둥이 장
賊	反	荷	杖	賊	反	荷	杖
도둑 적	돌이킬 반	꾸짖을 하	몽둥이 장	도둑 적	돌이킬 반	꾸짖을 하	몽둥이 장

11월 7일 · **입동**

24절기 중 열아홉 번째 절기.
겨울이 시작된다는 절기입니다. '입동'이 지나면 김장을 하기 시작합니다.
입동에 날씨가 추우면 그해 겨울이 크게 춥다고 합니다.
날씨는 추워도 마음까지 추워지지 않았으면 합니다.

오늘의 한자	오늘의 활용 표현
立冬 입동	입동에 담근 김장

따라 써 보세요!

족용필중 수용필공

• 11월 8일

사자소학

발의 움직임은 반드시 무겁게 하고, 손의 움직임은 반드시 공손하게 하라.

발의 움직임을 무겁게 하라는 말은 함부로 움직이거나 아무 곳에나 가지 말라는 뜻입니다.
손의 움직임을 공손하게 하라는 말은 행동을 신중히 하라는 뜻이고요.
나의 발과 손은 무겁고 공손하게 움직이고 있나요?

오늘의 한자	오늘의 활용 표현
愼重 신중	일을 신중하게 처리하다.

따라 써 보세요!

11월 9일 · 언불중리면 불여불언이니라

명심보감 언어편

이치에 맞지 않는 말은 말하지 않는 편이 더 낫다.

이치에 맞지 않는 말은 어떤 말일까요?
앞뒤가 안 맞고 논리적으로 맞지 않는 말입니다.
한마디로 말이 안 되고 억지스러운 말이지요.
이런 말은 안 하는 편이 낫습니다.

오늘의 한자	오늘의 활용 표현
理致 이치	이치에 어긋나는 말

따라 써 보세요!

문지하니 자왈지인이라

• 11월 10일

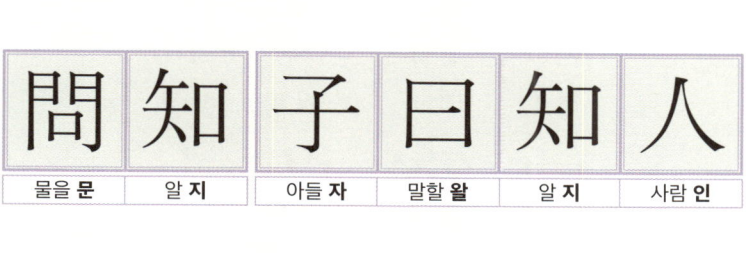

논어 안연편

지혜에 대해 물으니 공자께서 "사람을 알아보는 것이다"라고 답했다.

단순한 사실을 아는 지식보다 이치나 상황을 제대로 꿰뚫는 지혜가 훨씬 더 값집니다. '지혜'란 무엇일까요? 공자님은 '사람을 알고 사람을 알아보는 것'이라 했습니다. 여러분에게도 사람을 알아보는 지혜가 있나요?

오늘의 한자	오늘의 활용 표현
知慧 지혜	지혜로운 엄마

따라 써 보세요!

11월 11일 — 목용필단 구용필지

눈 모양은 반드시 단정하게 하며, 입 모양은 꼭 닫고 있으라.

신체 중에 얼굴은 그 사람의 내면을 가장 잘 드러냅니다.
얼굴 중에서도 눈과 입은 얼굴 표정을 결정짓는 역할을 하지요.
눈과 입 모양을 어떻게 짓느냐에 따라 그 사람의 평소 표정이 나타납니다.

오늘의 한자	오늘의 활용 표현
端整 단정	단정하게 빗은 머리

따라 써 보세요!

目	容	必	端	口	容	必	止
눈 목	모양 용	반드시 필	바를 단	입 구	모양 용	반드시 필	그칠 지
目	容	必	端	口	容	必	止
눈 목	모양 용	반드시 필	바를 단	입 구	모양 용	반드시 필	그칠 지

전화위복　　11월 12일

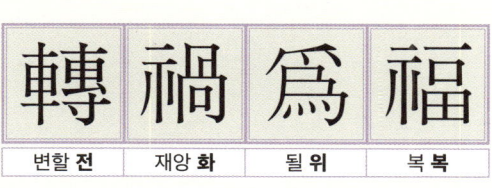

변할 전　재앙 화　될 위　복 복

재앙이 변하여 복이 되다.

지난 시험에서 50점을 받아 크게 뉘우친 뒤, 공부를 열심히 하여 이번 시험에서 100점을 받았을 때 쓸 수 있는 말입니다.
나쁜 일이 왔더라도 차분히 기다리며 해결하면 좋은 일이 옵니다.

오늘의 한자	오늘의 활용 표현
轉換 전환	기분 전환

따라 써 보세요!

11월 13일 — 유덕자필유언이라

有	德	者	必	有	言
있을 유	덕 덕	사람 자	반드시 필	있을 유	말씀 언

논어 헌문편

덕이 있는 사람은 반드시 말도 훌륭하다.

'덕(德)'이 있는 사람은 마음이 온화하고 바른 생각을 하기 때문에
입 밖으로 내는 말 또한 훌륭합니다.
그 사람의 말을 통해 그 사람이 얼마나 훌륭한지 가늠해 볼 수 있습니다.
나는 덕이 있는 사람인가요?

오늘의 한자	오늘의 활용 표현
德望 덕망	덕망이 높은 스승님

따라 써 보세요!

有	德	者	必	有	言
있을 유	덕 덕	사람 자	반드시 필	있을 유	말씀 언
有	德	者	必	有	言
있을 유	덕 덕	사람 자	반드시 필	있을 유	말씀 언

상덕고지 연낙중응　　11월 14일

常 德 固 持
항상 상　덕 덕　굳을 고　지킬 지

然 諾 重 應
그럴 연　승낙할 낙　무거울 중　응할 응

사자소학

항상 덕을 굳게 지키고, 승낙할 때에는 신중히 응하라.

사려 깊고 인간적인 성품인 덕은 항상 지키려고 노력해야 잃어버리지 않습니다.
다른 사람의 요구를 승낙할 때는 신중하고 또 신중해야 합니다.
왜냐하면 승낙했다면 반드시 지켜야 하기 때문입니다.

오늘의 한자	오늘의 활용 표현
承諾 승낙	승낙을 얻어 냈다.

따라 써 보세요!

11월 15일 — 빈궁곤액 친척상구

사자소학

빈궁과 재앙이 있을 때에는 친척들이 서로 구해 주어라.

가까운 친척이 가난하거나 안 좋은 일을 당했을 때는 모르는 척하지 말고 서로 도와주어야 합니다. 어려울 때 도와준 사람은 평생의 은인이 됩니다. 가까운 친척을 돌아볼 줄 아는 사람이 되었으면 좋겠습니다.

오늘의 한자
親戚 친척

오늘의 활용 표현
이모와 고모는 모두 나의 친척이다.

따라 써 보세요!

貧	窮	困	厄	親	戚	相	救
가난할 빈	가난할 궁	괴로울 곤	재앙 액	친할 친	겨레 척	서로 상	구할 구
貧	窮	困	厄	親	戚	相	救
가난할 빈	가난할 궁	괴로울 곤	재앙 액	친할 친	겨레 척	서로 상	구할 구

조삼모사

• 11월 16일

朝 三 暮 四
아침 조 석 삼 저녁 모 넉 사

결과는 매한가지임.

원숭이들에게 먹이를 아침에 세 개, 저녁에 네 개 주었더니 불만이 많아,
순서를 바꿔 아침에 네 개, 저녁에 세 개를 주었더니
좋아했다는 이야기에서 나온 고사성어입니다.
잔꾀로 남을 속이는 것을 이를 때 쓰기도 합니다.

오늘의 한자	오늘의 활용 표현
朝食 조식	호텔 조식 뷔페

따라 써 보세요!

11월 17일 · 　　　　　　　　　　　　　　　　**진수성찬**

맛좋은음식 **진** | 맛있는음식 **수** | 성할 **성** | 반찬 **찬**

푸짐하게 잘 차려진 맛있는 음식.

'진수성찬을 대접받았다'라는 말은
맛있는 음식을 푸짐하게 잘 대접받았다는 뜻입니다.
'상다리가 부러질 것 같다'라는 말도 비슷한 표현입니다.

오늘의 한자	오늘의 활용 표현
珍味 진미	진미를 맛보다.

따라 써 보세요!

珍 羞 盛 饌　　珍 羞 盛 饌
맛좋은음식 진 맛있는음식 수 성할 성 반찬 찬　　맛좋은음식 진 맛있는음식 수 성할 성 반찬 찬

珍 羞 盛 饌　　珍 羞 盛 饌
맛좋은음식 진 맛있는음식 수 성할 성 반찬 찬　　맛좋은음식 진 맛있는음식 수 성할 성 반찬 찬

인지덕행 겸양위상　　11월 18일

사자소학

사람의 덕행 중 겸양이 최상이다.

사람이 갖춰야 할 덕행은 참 많습니다. 그중에서도 '겸양'이 최고입니다. 겸양은 자기를 내세우지 않고 자랑하지 않으며 남에게 양보하는 태도를 일컫는 말이지요. 겸양이 많은 사람이 되길 바랍니다.

오늘의 한자	오늘의 활용 표현
謙讓 겸양	겸양의 미덕을 갖춘 선생님

따라 써 보세요!

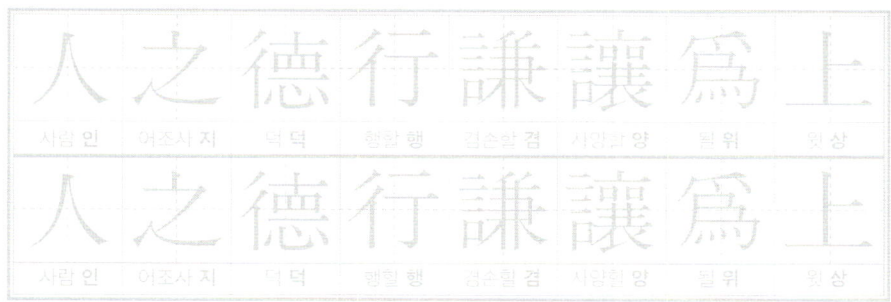

11월 19일 — 구설자는 화환지문이요

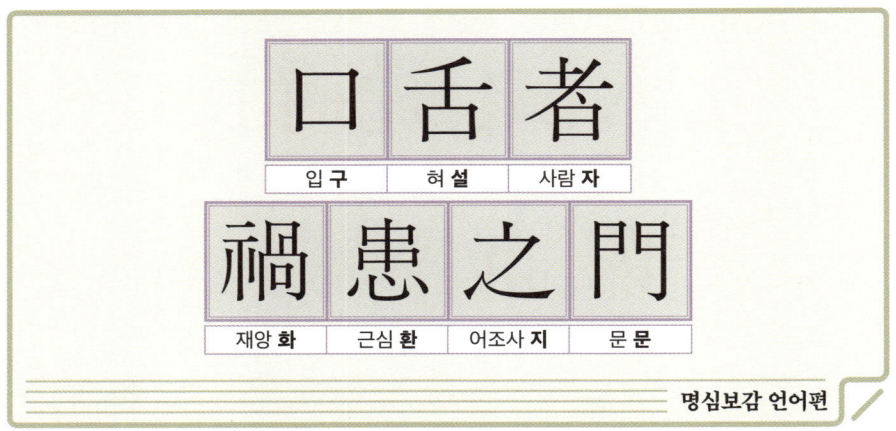

입과 혀는 재앙과 근심이 드나드는 문이다.

우리 몸 중에 집의 출입문과 같은 역할을 하는 곳이 바로 '입'입니다. 입을 벌린다는 것은 말을 한다는 것이고, 쓸데없는 말을 하면 그 입을 통해 온갖 재앙과 근심이 들어옵니다. 그러니 누구든 입단속을 잘해야 합니다.

오늘의 한자	오늘의 활용 표현
禍根 화근	재앙의 화근이 되는 입

따라 써 보세요!

불선지가 필유여앙 • 11월 20일

사자소학

선을 행하지 않는 집에는 반드시 뒤에 재앙이 있느니라.
선을 행하는 집에는 복이 따르고, 선을 행하지 않는 집에는 반드시 재앙이 있습니다.
적극적으로 선을 행하면서 살라는 뜻을 담고 있습니다.
선을 행하면 내 마음이 풍요로워집니다.

오늘의 한자	오늘의 활용 표현
餘裕 여유	삶의 여유가 있다.

따라 써 보세요!

11월 21일 — **지성감천**

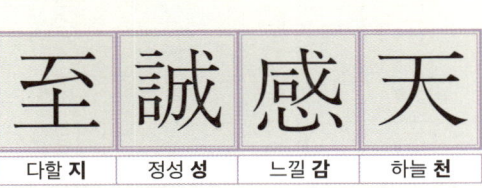

至 誠 感 天
다할 지 / 정성 성 / 느낄 감 / 하늘 천

정성을 다하면 하늘도 감동한다.

어떤 일에 최선과 정성을 다하면 하늘도 감동하여 도와줍니다.
"지성이면 감천이다"라는 표현으로 많이 사용합니다.
내가 하는 일 중에 하늘도 감동할 만큼 정성을 다하고 있는 일이 있나요?

오늘의 한자	오늘의 활용 표현
感動 감동	친구에게 감동받다.

따라 써 보세요!

至 誠 感 天   至 誠 感 天
다할 지 / 정성 성 / 느낄 감 / 하늘 천   다할 지 / 정성 성 / 느낄 감 / 하늘 천

至 誠 感 天   至 誠 感 天
다할 지 / 정성 성 / 느낄 감 / 하늘 천   다할 지 / 정성 성 / 느낄 감 / 하늘 천

소설   • 11월 22일

24절기 중 스무 번째 절기.

이날 첫눈이 내린다 하여 '소설'이라 합니다. 아침에 창밖을 내다보세요. 첫눈이 내렸을지도 모릅니다. "소설 추위는 빚을 내서라도 한다"는 속담이 있을 정도로 추워지는 절기이니 건강에 유의해야 합니다.

오늘의 한자	오늘의 활용 표현
小雪 소설	소설에 내린 첫눈

따라 써 보세요!

11월 23일 천신만고

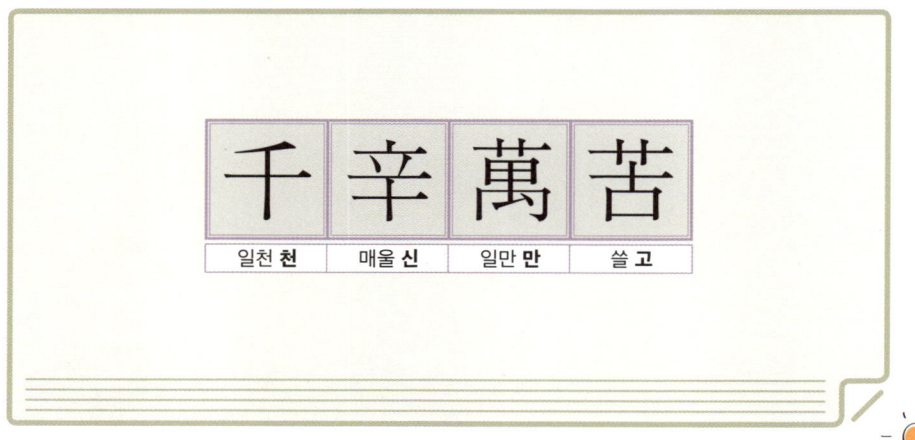

千 辛 萬 苦
일천 천 / 매울 신 / 일만 만 / 쓸 고

몸과 마음이 모두 상하고 괴로운 일을 당하다.

본래는 '천 가지로 맵고 만 가지로 쓰다'는 뜻입니다.
그만큼 힘들고 괴로운 일을 당하는 것을 이르는 말이지요.
혹시 '천신만고'처럼 힘든 일을 겪고 있나요?
언젠가는 지나가는 일이니 마음을 굳게 먹어야 합니다.

오늘의 한자	오늘의 활용 표현
 苦痛 고통	고통을 겪다.

따라 써 보세요!

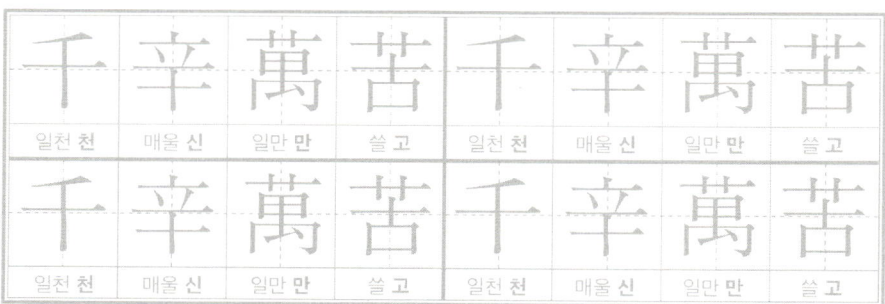

화복무문 유인소소　　11월 24일

사자소학

화와 복은 문이 없어 오직 사람이 부르는 대로 온다.

화와 복은 들어오는 문이 따로 있지 않다고 합니다.
내가 화를 부르면 화가 들어오고, 복을 부르면 복이 들어옵니다.
복이든 화이든 그것을 부르는 것은 나 자신이라는 것을 기억하세요.

오늘의 한자	오늘의 활용 표현
禍福 화복	나로부터 일어나는 화복

따라 써 보세요!

11월 25일 — 구설자는 멸신지부야이니라

입과 혀는 몸을 망치는 도끼와 같다.

우리는 누구나 말로 상대방에게 상처를 줄 수 있습니다.
이 상처는 날카로운 칼날에 베인 상처보다 더 아플 때도 많습니다.
칼에 베이는 것도 아픈데 도끼는 어떨까요? 상상만 해도 끔찍합니다.
상처 주는 말은 절대 금물입니다.

오늘의 한자	오늘의 활용 표현
斧鉞 부월	입과 혀는 몸을 망치는 부월과 같다.

따라 써 보세요!

청산유수

• 11월 26일

青	山	流	水
푸를 청	뫼 산	흐를 유	물 수

푸른 산에 흐르는 맑은 물처럼 막힘없이 잘하는 말.

'푸른 산에 흐르는 물'이라는 뜻으로, 막힘없이 말을 잘하는 것을 뜻합니다.
말을 잘하는 것도 중요하지만 얼마나 진심이 담겼는지가 더 중요합니다.
말은 아주 힘이 세니까 조심해서 다루어야 합니다.

오늘의 한자	오늘의 활용 표현
青山 청산	청산을 벗하며 사는 자연인

따라 써 보세요!

11월 27일   **차일피일**

이날 저날 하며 자꾸 약속을 미루는 모양.

'오늘 낼 오늘 낼 하면서 약속을 지키지 않는다'라는 말의 사자성어입니다.
약속은 지키려고 하는 것이니 잘 지켜야 멋진 사람입니다.
혹시 '차일피일' 미루는 일이 있나요? 오늘 해치워 버리세요.

오늘의 한자	오늘의 활용 표현
彼此 피차	피차 못 지킨 약속

따라 써 보세요!

기신정이면 불령이행이라

• 11월 28일

논어 자로편

자기 자신이 올바르면 백성들은 명령을 내리지 않아도 행한다.

높은 자리에 앉은 사람은 명령을 내리고 밑에 있는 사람들이 따르기를 바랍니다.
하지만 자신이 올바르면 명령을 내리지 않아도 사람들은 스스로 움직입니다.
자신을 바로 세우면 사람들이 알아서 따릅니다.

오늘의 한자	오늘의 활용 표현
命令 명령	공격 명령이 떨어졌다.

따라 써 보세요!

11월 29일 · 노요지마력이요 일구견인심이니라

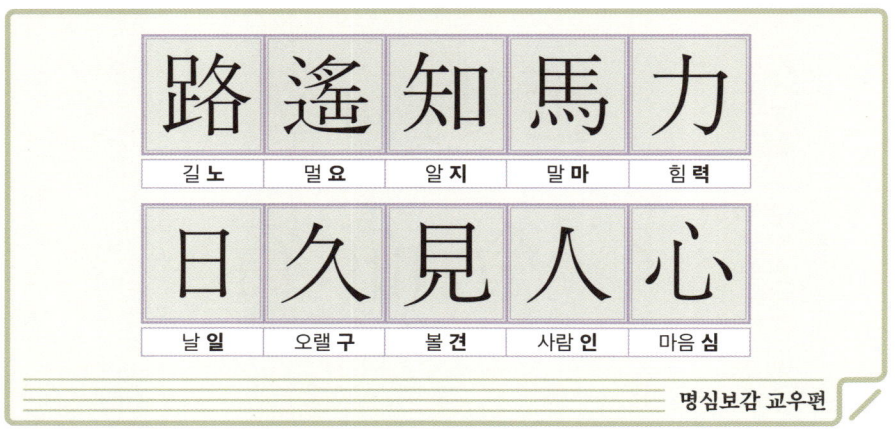

길이 멀어야 말의 힘을 알 수 있고, 오랜 시간이 지나야 사람의 마음을 알 수 있다.

반짝 친구로 사귀지 말고 오랫동안 사귀라는 뜻입니다.
짧은 시간에 그 사람의 마음과 진짜 모습을 보긴 어렵습니다.
사람을 함부로 평가하지 말고 시간을 갖고 바라보세요.

오늘의 한자	오늘의 활용 표현
人心 인심	인심이 후하다.

따라 써 보세요!

청천벽력   • 11월 30일

青	天	霹	靂
푸를 **청**	하늘 **천**	벼락 **벽**	벼락 **력**

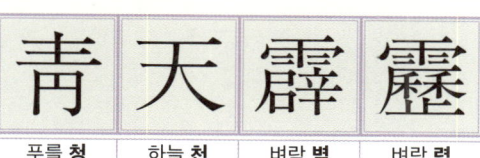

맑은 하늘에서 치는 갑작스런 날벼락.

맑은 하늘에서 갑자기 벼락 치는 소리가 난다면 얼마나 놀랄까요? 뜻밖에 일어난 큰 변고나 사건을 비유적으로 이르는 말입니다. 그런 일은 일어나지 않기를 바랍니다.

오늘의 한자	오늘의 활용 표현
青天 청천	내가 좋아하는 청천

따라 써 보세요!

青	天	霹	靂	青	天	霹	靂
푸를 청	하늘 천	벼락 벽	벼락 력	푸를 청	하늘 천	벼락 벽	벼락 력
青	天	霹	靂	青	天	霹	靂
푸를 청	하늘 천	벼락 벽	벼락 력	푸를 청	하늘 천	벼락 벽	벼락 력

12월

12월 1일 — 유종지미

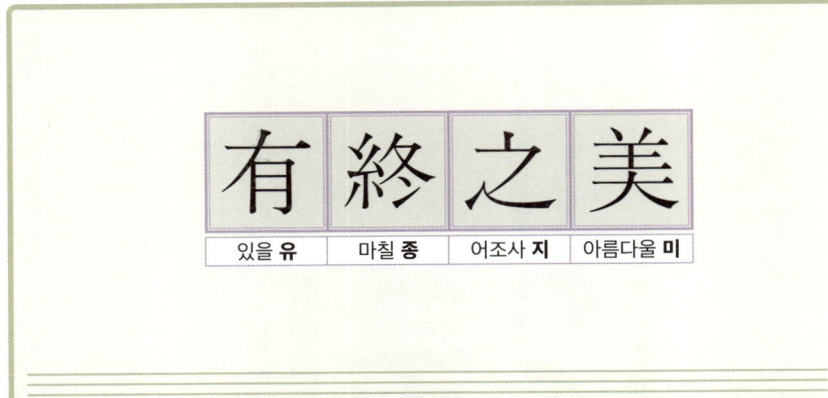

有 終 之 美
있을 유 / 마칠 종 / 어조사 지 / 아름다울 미

시작한 일을 끝까지 잘하여 끝맺음이 아름다움.

올해의 마지막 달 12월이 밝았습니다.
올해 계획한 일을 얼마나 많이 이루었나요?
이제 한 달밖에 남지 않은 올해이지만 마무리 잘해서 아름다운 결말을 맺기 바랍니다.

오늘의 한자	오늘의 활용 표현
始終 — 시종	시종을 알리는 종소리

따라 써 보세요!

有 終 之 美   有 終 之 美
있을 유 마칠 종 어조사 지 아름다울 미   있을 유 마칠 종 어조사 지 아름다울 미

有 終 之 美   有 終 之 美
있을 유 마칠 종 어조사 지 아름다울 미   있을 유 마칠 종 어조사 지 아름다울 미

천재일우

• 12월 2일

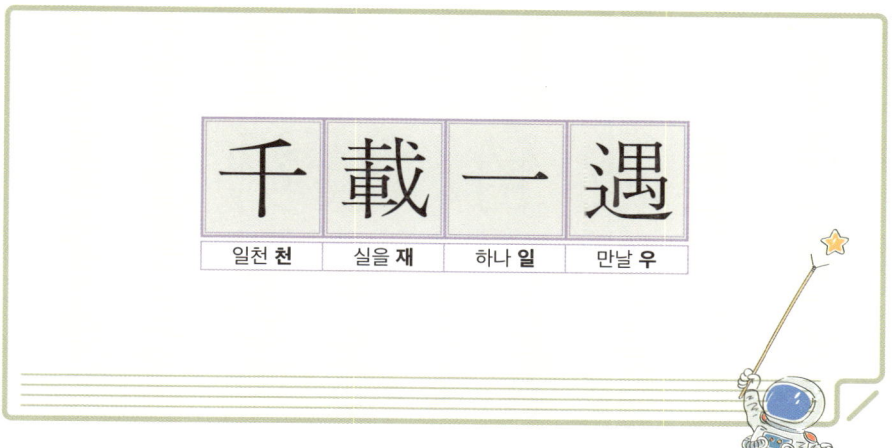

좀처럼 만나기 어려운 기회.

천 년에 한 번 만난다는 뜻을 가진 '천재일우'는 좀처럼 만나기 어려운 기회를 이르는 말입니다. 인생을 살다 보면 기회가 몇 번 찾아옵니다. 그 기회를 잘 잡는 사람이 되길 바랍니다. 당장 '오늘'이라는 기회부터 잡으세요.

오늘의 한자	오늘의 활용 표현
遭遇 조우	길에서 우연히 친구를 조우했다.

따라 써 보세요!

12월 3일 · 파죽지세

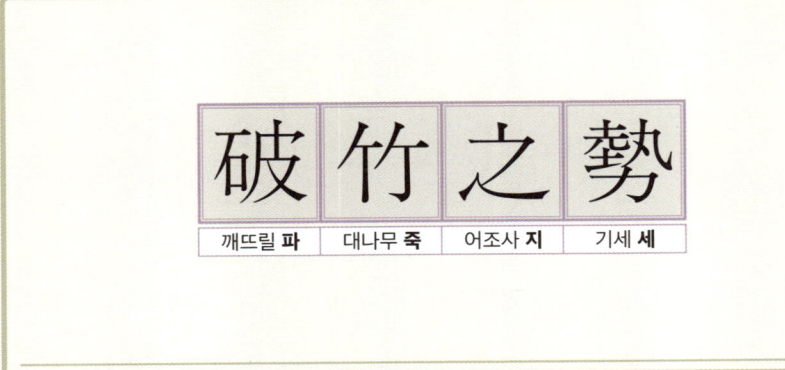

破 竹 之 勢
깨뜨릴 파 / 대나무 죽 / 어조사 지 / 기세 세

거칠 것 없이 맹렬하게 나아가는 기세.

대나무를 쪼개면 한 번에 거침없이 쪼개집니다.
'파죽지세'는 대나무가 쪼개지는 모양에 빗댄 말입니다.
올해 남은 며칠을 파죽지세로 열심히 나아가면 어떨까요?

오늘의 한자	오늘의 활용 표현
氣勢 기세	기세가 올랐다.

따라 써 보세요!

破 竹 之 勢   破 竹 之 勢
깨뜨릴 파 / 대나무 죽 / 어조사 지 / 기세 세   깨뜨릴 파 / 대나무 죽 / 어조사 지 / 기세 세

破 竹 之 勢   破 竹 之 勢
깨뜨릴 파 / 대나무 죽 / 어조사 지 / 기세 세   깨뜨릴 파 / 대나무 죽 / 어조사 지 / 기세 세

이인지언은 난여면서라 • 12월 4일

利 人 之 言
이로울 이 / 사람 인 / 어조사 지 / 말씀 언

煖 如 綿 絮
따뜻할 난 / 같을 여 / 솜 면 / 솜 서

명심보감 언어편

사람을 이롭게 하는 말은 따뜻하기가 솜과 같다.

추운 겨울날 도톰한 솜이불을 덮고 자면 기분이 어떤가요?
생각만 해도 포근하고 따뜻해집니다.
그런데 사람을 이롭게 하는 말이 솜이불과 같다니 얼마나 많은 사람들이 위로받고 따뜻해질까요?

오늘의 한자	오늘의 활용 표현
溫煖 온난	날씨가 온난한 제주도

따라 써 보세요!

利 人 之 言 煖 如 綿 絮
이로울 이 / 사람 인 / 어조사 지 / 말씀 언 / 따뜻할 난 / 같을 여 / 솜 면 / 솜 서

利 人 之 言 煖 如 綿 絮
이로울 이 / 사람 인 / 어조사 지 / 말씀 언 / 따뜻할 난 / 같을 여 / 솜 면 / 솜 서

12월 5일 — 포복절도

抱	腹	絶	倒
안을 포	배 복	끊을 절	넘어질 도

배를 안고 넘어질 정도로 매우 웃다.

친구의 이야기를 듣다가 너무 웃겨 배를 안고 데굴데굴 구르면서 웃는 모습이 그려집니다. 손뼉을 치면서 크게 웃는다는 뜻의 '박장대소'보다 더 크고 격렬하게 웃는 모습입니다.

오늘의 한자	오늘의 활용 표현
絶交 절교	친구와 절교하다.

따라 써 보세요!

抱	腹	絶	倒	抱	腹	絶	倒
안을 포	배 복	끊을 절	넘어질 도	안을 포	배 복	끊을 절	넘어질 도
抱	腹	絶	倒	抱	腹	絶	倒
안을 포	배 복	끊을 절	넘어질 도	안을 포	배 복	끊을 절	넘어질 도

복이회아 유이포아

12월 6일

사자소학

배로써 나를 품어 주시고, 젖으로써 나를 먹여 주셨다.

엄마는 내가 세상에 태어나기 전부터 나를 뱃속에 품어 주셨습니다.
태어나자 젖을 먹이고 기저귀를 갈아 주시며 나를 키워 주셨지요.
이 은혜만 생각해도 부모님께 온 사랑을 다해야 합니다.

오늘의 한자	오늘의 활용 표현
母乳 모유	모유를 먹고 자란 나

따라 써 보세요!

12월 7일   **대설**

24절기 중 스물한 번째 절기.

1년 중 눈이 가장 많이 내린다는 절기입니다.
'대설'에 눈이 많이 내리면 다음 해에 풍년이 들고 따뜻한 겨울을 날 수 있다고 합니다.
함박눈이 내려 온 세상이 멋진 동화 나라가 되면 좋겠습니다.

오늘의 한자	오늘의 활용 표현
雪景 설경	설경이 아름답다.

따라 써 보세요!

부모사아 물역물태 • 12월 8일

사자소학

부모님이 나에게 시키시면 거스르지 말고 게을리하지 말라.

부모님이 나에게 시키는 일이 있으면 거역하지 말고 즉시 해야 합니다.
부모님이 심부름을 시키면 못한다고 내빼는 친구들은 없겠지요?
숙제나 공부를 시키기 전에 하는 것도 효도입니다.

오늘의 한자	오늘의 활용 표현
拒逆 거역	부모의 뜻을 거역하다.

따라 써 보세요!

父	母	使	我	勿	逆	勿	怠
아비 부	어미 모	시킬 사	나 아	말 물	거스를 역	말 물	게으를 태
父	母	使	我	勿	逆	勿	怠
아비 부	어미 모	시킬 사	나 아	말 물	거스를 역	말 물	게으를 태

12월 9일 · 상인지어는 이여형극이라

傷人之語 利如荊棘

상처 상 / 사람 인 / 어조사 지 / 말씀 어
이로울 이 / 같을 여 / 가시 형 / 가시 극

명심보감 언어편

사람을 상처 주는 말은 날카롭기가 가시와 같다.

따뜻한 말이 있는가 하면 차가운 말이 있습니다.
남에게 상처 주는 말만큼 차가운 말도 없습니다. 말에도 온도가 있습니다.
내 입에서 나가는 말은 따뜻한가요, 아니면 차갑다 못해 가시처럼 날카롭나요?

오늘의 한자	오늘의 활용 표현
傷處 상처	상처가 아물다.

따라 써 보세요!

傷人之語利如荊棘
상처 상 / 사람 인 / 어조사 지 / 말씀 어 / 이로울 이 / 같을 여 / 가시 형 / 가시 극

傷人之語利如荊棘
상처 상 / 사람 인 / 어조사 지 / 말씀 어 / 이로울 이 / 같을 여 / 가시 형 / 가시 극

군자구저기며 소인구저인이라 • 12월 10일

논어 위령공편

군자는 자신에게서 잘못을 찾고, 소인은 남에게서 잘못을 찾는다.

"모두 내 탓이다"라고 말할 수 있는 사람은 훌륭한 사람이고 군자입니다.
하지만 "모두 네 탓이다"라고 말하는 사람은 비겁한 사람이고 소인입니다.
나는 군자 같은 사람인가요, 소인 같은 사람인가요?

오늘의 한자	오늘의 활용 표현
求人 (구인)	구인 광고를 내다.

따라 써 보세요!

12월 11일 좌명좌청 입명입청

사자소학

부모님이 앉아서 명하시면 앉아서 듣고, 서서 명하시면 서서 들어라.
부모님이 말씀하실 때는 눈높이를 맞춰야 합니다. 이것이 부모님을 존경하는 태도입니다. 이렇게까지 행동하지 않더라도 부모님을 존경하는 마음은 변하지 않길 바랍니다.

오늘의 한자	오늘의 활용 표현
起立 기립	모두 기립하세요.

따라 써 보세요!

파안대소

• 12월 12일

破	顔	大	笑
깨뜨릴 파	얼굴 안	큰 대	웃을 소

얼굴이 찢어질 정도로 크게 웃는다.

재미있는 장면을 보거나 들었을 때 한바탕 시원하게 터져 나오는 웃음을 가리킵니다. 최근에 파안대소 해 본 적이 있나요? 웃는 사람에게 좋은 일이 생깁니다.

오늘의 한자	오늘의 활용 표현
微笑 미소	미소를 짓다.

따라 써 보세요!

破	顔	大	笑	破	顔	大	笑
깨뜨릴 파	얼굴 안	큰 대	웃을 소	깨뜨릴 파	얼굴 안	큰 대	웃을 소
破	顔	大	笑	破	顔	大	笑
깨뜨릴 파	얼굴 안	큰 대	웃을 소	깨뜨릴 파	얼굴 안	큰 대	웃을 소

12월 13일 · **빈이무원난이며 부이무교이라**

논어 헌문편

가난하면서 원망하지 않기는 어렵고, 부유하면서 교만하지 않기는 쉽다.

부자로 살면 교만해지기 쉽습니다. 하지만 가난하게 살면 남을 원망하기가 더 쉽지요.
그만큼 가난하게 살면서 남을 원망하지 않기가 어렵다는 말입니다.
혹시 나도 남을 원망하고 있지는 않은지 내 마음을 살펴보세요.

오늘의 한자	오늘의 활용 표현
怨望 원망	원망의 눈초리로 보다.

따라 써 보세요!

약득미미 귀헌부모

• 12월 14일

사자소학

만일 맛있는 음식을 얻거든 돌아가 부모님께 드려라.

맛있는 음식을 보면 부모님이 생각나나요?
부모님은 맛있는 것을 드실 때 자녀에게 꼭 먹여야겠다고 생각합니다.
여러분도 그런 마음을 품는 효자효녀가 되길 바랍니다.

오늘의 한자	오늘의 활용 표현
歸家 귀가	귀가 시간이 지났다.

따라 써 보세요!

12월 15일 — 사필품행 무감자전

事	必	稟	行
일 사	반드시 필	줄 품	행할 행

無	敢	自	專
없을 무	감히 감	스스로 자	마음대로 전

사자소학

일은 반드시 여쭈어 행하고, 감히 자기 멋대로 하지 말라.

자기가 해야 할 일을 알아서 하는 것과 어떤 일을 하기 전에
부모님께 여쭈고 하는 것은 구별해야 합니다.
어떤 일을 행할 때 부모님께 여쭈고 상의를 하는 것은 마땅한 일입니다.

오늘의 한자
品 **行**
품행

오늘의 활용 표현
품행이 방정하다.

따라 써 보세요!

事	必	稟	行	無	敢	自	專
일 사	반드시 필	줄 품	행할 행	없을 무	감히 감	스스로 자	마음대로 전
事	必	稟	行	無	敢	自	專
일 사	반드시 필	줄 품	행할 행	없을 무	감히 감	스스로 자	마음대로 전

형설지공

• 12월 16일

螢雪之功
반딧불이 형 / 눈 설 / 어조사 지 / 공 공

반딧불과 눈빛으로 글을 읽으며 고생스럽게 공부함.

중국 진나라 때 '차윤'이라는 사람이 가난하여 반딧불로 글을 읽었고, '손강'이라는 사람은 눈빛에 비추어 글을 읽었다고 합니다. 이렇게 고생스럽게 공부했다면 큰 뜻을 이루었을 겁니다.

오늘의 한자	오늘의 활용 표현
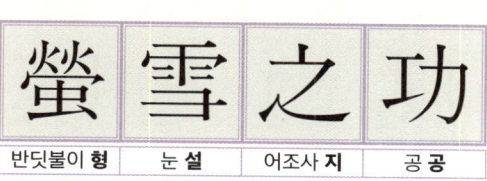 강설량	강설량을 측정하다.

따라 써 보세요!

螢	雪	之	功	螢	雪	之	功
반딧불이 형	눈 설	어조사 지	공 공	반딧불이 형	눈 설	어조사 지	공 공
螢	雪	之	功	螢	雪	之	功
반딧불이 형	눈 설	어조사 지	공 공	반딧불이 형	눈 설	어조사 지	공 공

12월 17일　　　　　　　　　　　　　　　　　　　　　**풍수지탄**

風 樹 之 嘆
바람 풍 / 나무 수 / 어조사 지 / 탄식할 탄

효도하고 싶지만 부모님이 이미 돌아가셔서 할 수 없음을 탄식함.

철이 들어 부모님께 효도를 하려고 하는데 부모님이 돌아가셔서 할 수 없다면 얼마나 안타까울까요? 효도는 부모님이 살아 계실 때만 할 수 있습니다. 바로 지금이 기회입니다.

오늘의 한자	오늘의 활용 표현
歎息 탄식	나도 모르게 나온 탄식 소리

따라 써 보세요!

風 樹 之 嘆　風 樹 之 嘆
바람 풍 / 나무 수 / 어조사 지 / 탄식할 탄　바람 풍 / 나무 수 / 어조사 지 / 탄식할 탄

風 樹 之 嘆　風 樹 之 嘆
바람 풍 / 나무 수 / 어조사 지 / 탄식할 탄　바람 풍 / 나무 수 / 어조사 지 / 탄식할 탄

아신능현 예급부모 • 12월 18일

사자소학

내 몸이 능히 어질면 명예가 부모께 미치느니라.

내가 무엇인가를 잘하면 나의 부모님이 칭찬을 받습니다.
반대로 내가 잘못하면 나의 부모님이 욕을 먹습니다.
나는 부모님의 자랑이 되고 있나요?

오늘의 한자	오늘의 활용 표현
名譽 명예	부모님의 명예를 드높이다.

따라 써 보세요!

12월 19일 · 군자는 필신기소여처자언이니라

명심보감 교우편

군자는 반드시 함께 지내는 사람에 신중해야 한다.

친구를 사귈 때는 신중해야 합니다. 나에게 너무나 큰 영향을 끼치기 때문입니다. 때로는 부모님보다 더 큰 영향을 끼칩니다. 나는 지금 어떤 친구를 사귀고 있나요?

오늘의 한자	오늘의 활용 표현
處所 처소	내가 지낼 처소를 정하다.

따라 써 보세요!

불능여차 금수무이

• 12월 20일

사자소학

능히 이와 같이 하지 못하면 금수와 다름이 없느니라.

부모님께 효도하지 않으면 '금수'와 다름없다고 말합니다.
'금수'는 '짐승'을 말합니다. 짐승에게는 효도의 개념이 없습니다.
우리는 사람임을 잊지 마세요.

오늘의 한자	오늘의 활용 표현
禽獸 금수	금수만도 못한 인간

따라 써 보세요!

12월 21일   호시탐탐

범이 눈을 부릅뜨고 먹이를 노려본다.

호랑이가 사냥하는 모습을 보면 먹이를 노리면서 가장 좋은 기회를 엿보고 살금살금 접근합니다. 그러고는 어느 순간 먹이를 덮쳐서 상황을 종료시키지요. 동물의 세계는 냉혹합니다.

오늘의 한자

虎皮
호피

오늘의 활용 표현

호피 무늬 티셔츠

따라 써 보세요!

虎視眈眈 虎視眈眈
범 호 볼 시 노려볼 탐 노려볼 탐 범 호 볼 시 노려볼 탐 노려볼 탐

虎視眈眈 虎視眈眈
범 호 볼 시 노려볼 탐 노려볼 탐 범 호 볼 시 노려볼 탐 노려볼 탐

동지

• 12월 22일

冬至
겨울 **동** | 이를 **지**

24절기 중 스물두 번째 절기.

1년 중 밤이 가장 길고 낮이 가장 짧은 절기입니다.
이날은 팥죽을 먹고 나이도 한 살 더 먹습니다.
이제 한 살 더 먹었으니 좀 더 성숙한 사람이 되길 바랍니다.

오늘의 한자	오늘의 활용 표현
冬至 동지	동지 팥죽

따라 써 보세요!

冬	至	冬	至	冬	至	冬	至
겨울 동	이를 지	겨울 동	이를 지	겨울 동	이를 지	겨울 동	이를 지
冬	至	冬	至	冬	至	冬	至
겨울 동	이를 지	겨울 동	이를 지	겨울 동	이를 지	겨울 동	이를 지

12월 23일 — 우공이산

愚 公 移 山
어리석을 우 / 공평할 공 / 옮길 이 / 뫼 산

쉬지 않고 꾸준히 하면 마침내 큰일을 이룰 수 있다.

'우공이산'은 '우공이 산을 옮겼다'는 뜻입니다.
'우공'이라는 노인이 집 앞의 큰 산을
하루에 조금씩 파서 마침내 옮겼다는 고사와 관련이 있습니다.
남이 보기에는 어리석어 보이는 일도 꾸준히 하면 이룰 수 있습니다.

오늘의 한자	오늘의 활용 표현
移徙 이사	이사를 가게 되었다.

따라 써 보세요!

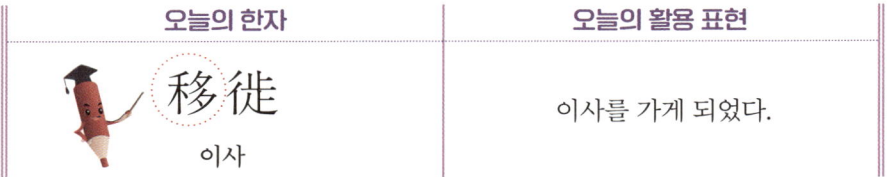

형우제공 불감원노

• 12월 24일

사자소학

형은 우애하고 아우는 공손하여 감히 원망하거나 성내지 말라.

형제가 사이좋게 지내려면 어떻게 해야 할까요?
형은 동생을 사랑으로 감싸고 동생은 형에게 화내거나 대들지 않아야 합니다.
형제가 사이좋게 지내면 그 어떤 관계보다 가깝고 행복한 사이가 됩니다.

오늘의 한자	오늘의 활용 표현
怨望 원망	동생을 원망하지 말라.

따라 써 보세요!

12월 25일 — 무의지붕은 불가교니라

명심보감 교우편

의리가 없는 친구는 사귀지 말라.

'의리'는 사람이 살아가는 데 마땅히 지켜야 할 바른 도리입니다.
의리가 없는 친구는 사귀지 말아야 합니다.
서로 믿고 의리를 지키는 사이가 진짜 친구입니다.

오늘의 한자	오늘의 활용 표현
義理 의리	의리를 지키는 친구

따라 써 보세요!

낭중지추　　　●12월 26일

囊 中 之 錐
주머니 낭　가운데 중　어조사 지　송곳 추

주머니 속의 송곳.

주머니 속에 뾰족한 송곳이 있다면 아마 주머니를 뚫고 삐져나오려고 할 겁니다. 뛰어난 재능을 가진 사람은 아무리 숨기려고 해도 남의 눈에 잘 띈다는 뜻입니다. '낭중지추' 같은 존재가 되어 보세요.

오늘의 한자	오늘의 활용 표현
針 囊 침낭	바늘을 침낭에 넣다.

따라 써 보세요!

囊中之錐　囊中之錐
주머니 낭　가운데 중　어조사 지　송곳 추　주머니 낭　가운데 중　어조사 지　송곳 추

囊中之錐　囊中之錐
주머니 낭　가운데 중　어조사 지　송곳 추　주머니 낭　가운데 중　어조사 지　송곳 추

12월 27일 · 희로애락

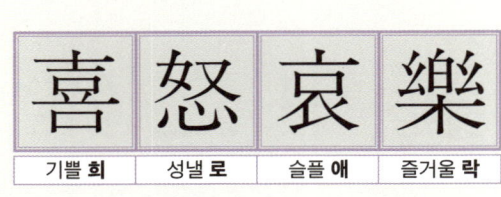

기쁨, 노여움, 슬픔, 즐거움.
이 네 가지는 인간의 가장 대표적인 감정입니다.
따라서 '희로애락'은 단순히 이 네 가지 감정만 가리키는 것이 아니라, 인간의 온갖 감정을 아울러 말할 때 많이 사용합니다.

오늘의 한자

喜悅
희열

오늘의 활용 표현

희열을 느꼈다.

따라 써 보세요!

기언지부작이면 즉위지야난이라   • 12월 28일

其	言	之	不	怍
그 기	말씀 언	어조사 지	아닐 부	부끄러울 작

則	爲	之	也	難
곧 즉	될 위	어조사 지	어조사 야	어려울 난

논어 헌문편

말해서 부끄럽지 않은 일은 행하기가 어렵다.

말해도 부끄럽지 않을 만큼 떳떳한 일은 행하기가 어렵습니다.
사람들이 자신이 뱉은 말대로 살아간다면 세상은 얼마나 아름다울까요?
말도, 그 말을 그대로 따르는 것도 이토록 어렵습니다.

오늘의 한자

難處
난처

오늘의 활용 표현

난처한 상황에 빠지다.

따라 써 보세요!

12월 29일 · 인무원려면 필유근우라

논어 위령공편

사람이 깊고 멀리 생각하지 않으면 반드시 가까운 근심이 생긴다.

사람은 멀리 내다보지 않으면 항상 근심과 걱정에 휩싸이기 마련입니다.
나에게 너무 많은 근심이 있다면 눈을 들어 먼 곳을 바라보세요.
많은 근심이 떠나가는 것을 경험할 겁니다. 걱정하면서 살지 말고 꿈을 위해 사세요.

오늘의 한자	오늘의 활용 표현
遠近 원근	원근법이 잘 표현된 그림

따라 써 보세요!

人 無 遠 慮 必 有 近 憂
사람 인 / 없을 무 / 멀 원 / 생각 려 / 반드시 필 / 있을 유 / 가까울 근 / 근심 우

人 無 遠 慮 必 有 近 憂
사람 인 / 없을 무 / 멀 원 / 생각 려 / 반드시 필 / 있을 유 / 가까울 근 / 근심 우

물위금년불학이유래년심이니라 • 12월 30일

올해 배우지 아니하고서 내년이 있다고 말하지 말라.

올해가 다 끝나고 있습니다. 올해 열심히 배웠나요?
무엇인가를 열심히 배운 사람에게는 미래가 희망으로 가득 찹니다.
올 한 해 나의 배움의 자세를 돌아보고 내년을 기다립시다.

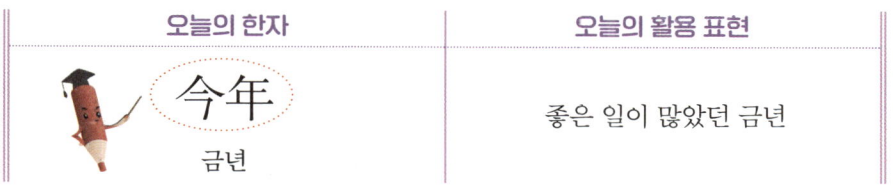

따라 써 보세요!

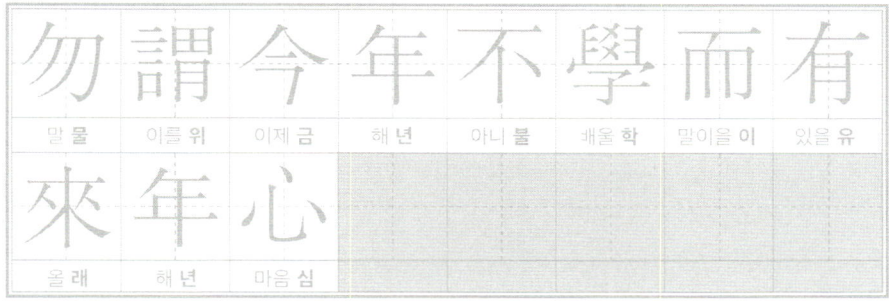

송구영신

12월 31일

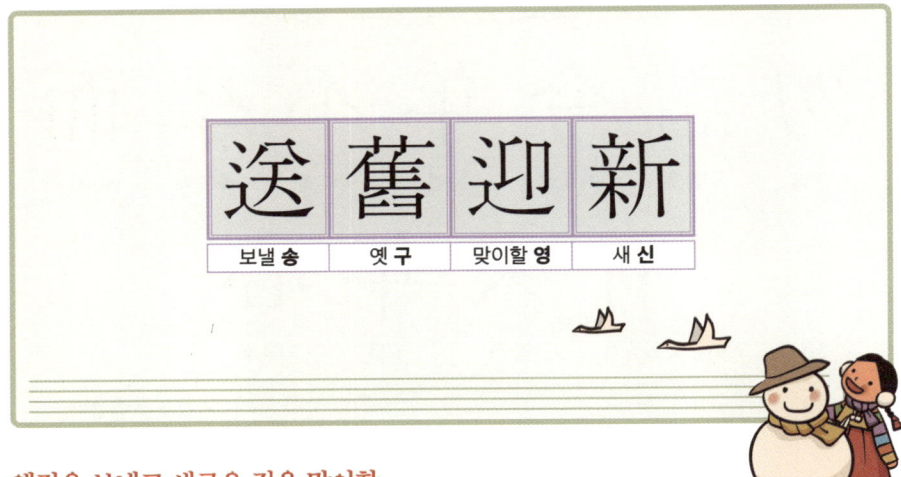

送 보낼 송 / 舊 옛 구 / 迎 맞이할 영 / 新 새 신

옛것을 보내고 새로운 것을 맞이함.

한 해의 마지막 날입니다. 그간 열심히 달려오느라 고생 많았습니다. 이제 올해를 보내고 내일부터 다시 새로운 한 해를 맞이해야 합니다. 새해에도 건강하고 행복한 한 해 보내기 바랍니다.

오늘의 한자	오늘의 활용 표현
送年 송년	오늘 밤은 송년의 밤이다.

따라 써 보세요!

送 보낼 송 / 舊 옛 구 / 迎 맞이할 영 / 新 새 신
送 보낼 송 / 舊 옛 구 / 迎 맞이할 영 / 新 새 신
送 보낼 송 / 舊 옛 구 / 迎 맞이할 영 / 新 새 신
送 보낼 송 / 舊 옛 구 / 迎 맞이할 영 / 新 새 신

1년에 걸쳐 이 책을 끝내느라 정말 고생했습니다. 어쩌면 며칠 분량을 하루에 해치우는 날이 있었을지도 모르겠네요. 그래도 다 한 게 어딘가요? 대단합니다. 박수를 쳐 드리고 싶습니다, 짝짝짝.

덕분에 한자 실력도 많이 좋아졌으리라 생각합니다. 우리말의 70퍼센트 정도가 한자어이고 학습 어휘는 한자 비중이 80퍼센트가 넘습니다. 때문에 한자를 잘 알아야 공부가 쉬워집니다. 아마 어떤 친구들은 이 책을 공부하면서 벌써 이 효과를 경험했을지도 모르겠습니다. 이 책을 계기로 한자에 관심을 갖게 되길 바랍니다.

혹시 공부를 하면서 가슴에 와닿는 보석 같은 구절을 만났나요? 정말 멋진 문장이라서 무릎을 탁 치는 문장이 있었나요? 평생 기억하고 싶은 문장을 만나지는 않았나요? 아마 한두 문장 정도는 만났을 것이라 믿습니다. 그 문장을 그냥 흘려 보내지 말고 깨끗한 종이에 써서 자신의 책상 앞에 붙여 놓으세요. 그리고 매일 그 문장을 읽으면서 다짐해 보세요. 그 보석 같은 문장이 여러분 인생을 보석 같이 빛나게 할 겁니다. 밤하늘에 빛나는 북극성이 밤길을 가는 사람들에게 북쪽이 어디인지 가르쳐 주듯이, 이 책에서 만난 보석 같은 문장은 여러분의 인생이 갈 길을 몰라 방황할 때 어디로 가야 할지 보여주는 북극성 같은 존재가 되어 줄 것입니다.

좋은 책의 명구절만큼이나 좋은 스승도 없습니다. 책 속에 나온 문장들을 가슴에 새기면서 일상생활에서 실천하기 위해 노력해 보기 바랍니다. 아마 여러분의 인생은 칭찬받고 환영받게 될 것입니다. 군자(君子) 같은 인생이 될 것입니다. 여러분을 응원합니다.

초등교사 작가 **송재환**

고전에서 배우는 초등 국어 필수 한자
하루 한 쪽 한자 365 (2권)

제1판 1쇄 인쇄 | 2023년 1월 3일
제1판 1쇄 발행 | 2023년 1월 10일

지은이 | 송재환
펴낸이 | 오형규
펴낸곳 | 한국경제신문 한경BP
책임편집 | 마현숙
교정교열 | 최은영
저작권 | 백상아
홍보 | 이여진 · 박도현 · 하승예
마케팅 | 김규형 · 정우연
디자인 | 지소영
본문디자인 | 디자인 현

주소 | 서울특별시 중구 청파로 463
기획출판팀 | 02-3604-590, 584
영업마케팅팀 | 02-3604-595, 562 FAX 02-3604-599
H | http://bp.hankyung.com   E | bp@hankyung.com
F | www.facebook.com/hankyungbp
등록 | 제 2-315(1967. 5. 15)

ISBN 978-89-475-4872-4   74710
(세트) 978-89-475-4868-7   74710

책값은 뒤표지에 있습니다.
잘못 만들어진 책은 구입처에서 바꿔드립니다.